Küssen ist Beten

Wunibald Müller

Küssen ist Beten

Sexualität als Quelle der Spiritualität

Matthias-Grünewald-Verlag · Mainz

Der Matthias-Grünewald-Verlag ist Mitglied
der Verlagsgruppe engagement

Bibliografische Information Der Deutschen Bibliothek
Die Deutsche Bibliothek verzeichnet diese Publikation in der Deutschen Nationalbibliografie; detaillierte bibliografische Daten sind im Internet über *http://dnb.ddb.de* abrufbar.

© 2003 Matthias-Grünewald-Verlag, Mainz
Umschlag: Kirsch Kommunikationsdesign, Wiesbaden
Satz & DTP: Redaktionsbüro Werkmeister, Mainz
Druck: Pustet, Regensburg
ISBN 3-7867-2464-4

„Wenn er mich doch küsste
mit den Küssen seines Mundes."
Diesen Anfang des Hoheliedes
könnte man in die Worte fassen:
„Vom Kusse seines Mundes trunken:
Küssen ist Beten."

Wilhelm Gößmann

Gesucht wird die heilsame Berührung des Gottes,
die Teilhabe an der Spende seiner Kräfte,
die participation mystique.

Lucien Lévy-Brühl

Die Sexualität ist die eigentliche Quelle
der Spiritualität.

Anselm Grün

Inhalt

Einleitung   8

Wer Sexualität und Spiritualität zu Feinden macht,
zerreißt das menschliche Herz 11

Eros belebt und beseelt unser Leben 16

Eros und Agape 25

Ja zu unserem Leib und der Erfahrung von Lust . . 33

Die Sexualität treibt uns zur Liebe und
zum Leben an 41

Sinnliches Erkennen 55

Die Begegnung mit dem ganz Anderen 66

Ekstase und mystische Erfahrung 74

Küssen ist Beten 87

Literatur 97

Einleitung

Immer und überall – außer der modernen Welt – war die
Sexualität eine ‚Erscheinung des Heiligen‘.
Mircea Eliade

In einem Brief an Körner schreibt Schiller: „Goethes Philosophie mag ich auch nicht ganz: sie holt zuviel aus der
Sinnenwelt, wo ich aus der Seele hole. Überhaupt ist seine
Vorstellungsart zu sinnlich und betastet mir zuviel. Aber
sein Geist wirkt und forscht nach allen Direktionen und
strebt, sich ein Ganzes zu erbauen, und das macht mir
ihn zum großen Mann." (in: Gerlach 1950, 322) Körner
antwortet darauf: „Auch mir ist Goethe zu sinnlich in der
Philosophie; aber ich glaube, daß es für dich und mich
gut ist, uns an ihm zu reiben, damit er uns warnt, wenn
wir uns im Intellektuellen zu weit verlieren." (323)
Mir ist Goethe nicht zu sinnlich, sondern gerade sinnlich
genug und ich wünschte mir, dass wir uns in unserer Theologie und in unserer Spiritualität nicht nur von Intellektuellen, sondern auch von Leuten wie Goethe inspirieren
lassen. Dann würde nicht länger gelten, was offensichtlich immer noch für manche Theologen und Seelsorger
als Grundsatz bei der Glaubensvermittlung gilt: „Nehmet
Holz vom Fichtenstamme, doch recht trocken laßt es
sein." (Köberle 1986, 15)
Hans Küng spricht in seinen Büchern oft davon, wie
wichtig es sei, *vernünftig* zu glauben. Das bedeutet mir
viel. Was uns bei der Vermittlung des Glaubens an Gott,
den *Lebendigen,* aber oft fehlt, ist die angemessene Be-

rücksichtigung der sinnlichen Seite. Erst das sinnliche Erkennen und Verstehen, zusammen mit dem intellektuellen, vermag, wie es in dem Brief Schillers über Goethe heißt, ein *Ganzes* zu erbauen. Der Theologe Karl Rahner vermochte beide Seiten gut zu integrieren. Er konnte in die höchsten Höhen philosophischer und intellektueller Auseinandersetzungen steigen und zugleich in den tiefsten Grund seiner Seele einkehren, um in die innigste Beziehung zu dem EINEN, UNERGRÜNDLICHEN einzutreten.

Um Gott in der Tiefe *erfahren* zu können, bedarf es mehr als einer intellektuellen Leistung. Es bedarf dazu auch mehr als der Mitgliedschaft in einer Kirche oder eines disziplinierten Gebetslebens, solange es sich bei diesen Gebeten lediglich um das Aufsagen von Gebeten handelt und es nicht zu einer Berührung der Seele kommt. Beten lehrt uns das Leben mit seinen Höhen und Tiefen. Die Erfahrung von Angst, das Ertragen von Leid und Schmerz können uns zu einem Beten führen, das in die Tiefe führt. Aber – und das wird allzu oft übersehen – auch die Erfahrungen, die wir in den innigsten und tiefsten Begegnungen machen, die aus menschlicher sexueller Leidenschaft erwachsen, können ein Beten und eine Spiritualität fördern, die uns in unsere Tiefe führen. „Immer und überall – außer in der modernen Welt! – war die Sexualität eine ‚Erscheinung des Heiligen‘ und war der Geschlechtsakt ein allumfassender Akt – also auch ein Hilfsmittel im Dienste der Erkenntnis", sagt der Religionshistoriker Mircea Eliade (1958, 15). Die Sexualität kann also zur Quelle einer lebendigen Spiritualität werden.

Gerade unter Theologen meine ich manchmal eine besondere Scheu zu registrieren, sich wirklich persönlich, also nicht nur über allgemeine Aussagen, mit der eigenen

Spiritualität und der eigenen Sexualität auseinanderzusetzen. Für sie gilt, was C.G. Jung (1997, 147) sagt: „Wenn es um das innere Erleben geht, um das Allerpersönlichste, dann wird es den meisten Menschen unheimlich, und viele laufen davon ... Ich bin mir natürlich bewusst, dass die Theologen in einer schwierigeren Lage sind als andere. Einerseits sind sie dem Religiösen näher, andererseits aber auch enger gebunden durch die Kirche und das Dogma. Das Risiko des inneren Erlebens, das geistige Abenteuer, ist den meisten Menschen fremd."

Mit meinen Ausführungen will ich Menschen, die an einer lebendigen Spiritualität interessiert sind, Mut machen, sich auf dieses innere Erleben, das geistige Abenteuer, einzulassen, Eros und der Sexualität in ihrer persönlichen und auch kirchlichen Frömmigkeit mehr Raum und Erfahrungsspielraum zu lassen.

Johann Boldt danke ich für wichtige Literaturhinweise.

Wunibald Müller

Wer Sexualität und Spiritualität zu Feinden macht, zerreißt das menschliche Herz

Als ich die Lust zur Sinnlichkeit entdeckte, habe ich aufgehört an Gott zu glauben; denn er stahl mir die Erde.
Simone de Beauvoir

Die Sexualität ist die faszinierende Kraft, die uns zur Liebe und zum Leben antreibt.
Anselm Grün

Das Religiöse und das Geschlechtliche sind die beiden stärksten Lebensmächte. Wer sie für ursprüngliche Widersacher hält, lehrt die ewige Zwiespältigkeit der Seele. Wer sie zu unversöhnlichen Feinden macht, zerreißt das menschliche Herz. Und es ist zerrissen worden! Wer über Religion und Erotik nachdenkt, muss den Finger an eine der schmerzlichsten Wunden legen, die in der Tiefe des Menschen blutet. …wenn es nicht gelingt, Religion und Erotik in eine neue, nahe und glückliche Beziehung zu setzen und die Menschenwürde mit der Geschlechtlichkeit auszusöhnen, wird es nicht zu jener Wiedergeburt der Religion kommen, auf die heute viele hoffen und von der sie alles erwarten. Wenn es aber gelänge, so erhielte der Eros eine neue sakrale Würde, die Religion vitale Kraft…

Walter Schubart (1989, 7f.)

Negative Erfahrungen: Vergiftung der Sexualität

Der Arzt Alex Comfort (in: Feuerstein 1993, 43) schreibt: „So positiv das Christentum auf andere Bereiche der Kultur gewirkt haben mag, sein Einfluß auf sexuelle Moral und Gepflogenheiten ist viel ungesünder gewesen als der anderer Hochreligionen." So hat auch das Christentum mit dazu beigetragen, dass Religion und Sexualität immer wieder zu anscheinend unversöhnlichen Feinden wurden. Das ging zuweilen so weit, dass die Sexualität als etwas gesehen wurde, das wenig oder nichts mit Religion zu tun hat, es sei denn in ihrer Funktion als Vermittlerin von neuem Leben. Ansonsten wurde in der Sexualität eine Kraft gesehen, die es zu beherrschen oder gar zu unterdrücken galt. Anselm Grün (1993) meint daher auch, dass die christlichen Kirchen „viel Schuld auf sich geladen haben, indem sie Sexualität immer in den Turm sperren wollten, anstatt mit ihr ins Gespräch zu kommen."

Wenn ich in Gruppen oder bei Vorträgen über das Verhältnis von Spiritualität und Sexualität spreche, kommt in den Diskussionen sehr bald das Thema Kirche und Sexualität zur Sprache. Es ist oft erschreckend, dabei zu erfahren, wie tief verletzt sich Menschen fühlen von dem, was ihnen durch ihre Kirche oder ihre Vertreter anscheinend im Namen Gottes über Sexualität und den persönlichen Umgang mit ihrer Sexualität gesagt worden ist. Nicht wenige fühlen sich dadurch bis hinein in ihr Erwachsenenalter von Erfahrungen abgeschnitten, die für sie nie mehr erlebbar sein werden. Sie klagen über negativ geprägte Erfahrungen ihrer Kindheit, die im Zusammenhang mit ihrer sexuellen Entwicklung standen, die es ihnen nahezu unmöglich machen, ein normales und freies Verhältnis zu ihrer Sexualität zu entfalten. Sie wirken verbittert, enttäuscht oder sind einfach voller Wut auf eine Einrichtung, die in ihrem Leben, in einer Zeit, in der sie sich nicht wehren konnten, einen so großen seelischen Schaden angerichtet hat.

Diese Menschen haben den Eindruck, dass ihnen die Kirche eine Wunde zugefügt hat, indem sie ihnen ein Bild von Sexualität vermittelte, das Sexualität als etwas Schmutziges, Unkeusches darstellte. Das führte dazu, dass sie, wenn sie ihre Sexualität überhaupt leben, diese nicht wirklich genießen können. Sie haben große Probleme, zu ihren sexuellen Bedürfnissen zu stehen oder diese anderen gegenüber zum Ausdruck zu bringen. Ihre negativ getönte Einstellung der Sexualität gegenüber beeinträchtigt ihre Partnersuche und die Pflege inniger und sexueller Beziehungen. Für sie trifft zu, was Henri Nouwen (1993, 76f.) von sich sagt:

„Offensichtlich erfahren wir unsere Gebrochenheit oft am schmerzlichsten hinsichtlich unserer Sexualität. Wenn ich mir mein eigenes und das Ringen meiner Freunde auf diesem Gebiet vor Augen halte, wird mir deutlich, wie ausschlaggebend unsere Sexualität dafür ist, was wir von uns selber denken und halten. Unsere Sexualität ist ein Zeichen dafür, daß wir uns ungeheuer nach Kommunion mit jemand anderem sehnen. Die Bedürfnisse unseres Leibes – das Bedürfnis, berührt, in den Arm genommen und von jemanden zuverlässig festgehalten zu werden – gehören zu den tiefsten Sehnsüchten des Herzens und sind sehr konkrete Zeichen unseres Suchens nach Einswerden. Wir machen die Erfahrung, dass unsere größten Ängste genau um dieses Urbedürfnis nach Kommunion kreisen."

Auswirkungen negativer Erfahrungen mit der Sexualität auf die Spiritualität

Eine negative Einstellung gegenüber unserer Sexualität kann auch unsere Beziehung zu Gott, unsere religiöse Einstellung und unser spirituelles Leben beeinträchtigen. Negative Erfahrungen mit unserer Sexualität und damit verbundene Schuldgefühle werden dann mit Gott, den wir über die Kirche kennengelernt haben, in Verbindung gebracht. Gott wird als eine Person, als eine Autorität, als eine Macht gesehen, die misstrauisch gegenüber der Sexualität eingestellt ist und angenommene Verfehlungen im Bereich des Sexuellen ahndet. Manchmal führt das zu Schamgefühlen. Dabei handelt es sich um ein schmerzhaftes Gefühl, „schlecht oder unwert zu sein." (Feuerstein 1993, 39) Es sind dann nicht nur Schuldgefühle, etwas Schlechtes getan zu haben, oft verbunden mit der Angst, dafür bestraft zu werden, sondern auch Gefühle von Minderwertigkeit und Angst, deswegen von anderen nicht angenommen, gar von ihnen verlassen zu werden, die sich einstellen.

In einer solchen Situation wird es zunächst schwierig, wenn nicht unmöglich sein, in der Sexualität eine Quelle der Spiritualität zu sehen. Manchen wird das vielleicht nie möglich sein. Andere wieder entdecken mit der Zeit, dass sie Kirche und das, was sie zur Sexualität sagt, und Gott womöglich zu einseitig und zu schnell miteinander verbunden haben. Auf diese Weise finden sie womöglich mit der Zeit wieder einen neuen Zugang zu Gott. Sie entdecken dann vielleicht auch einen Gott, den sie bezogen auf ihre Sexualität als anders erleben als den Gott, der ihnen von ihrer Kirche vermittelt wurde. Das mag mit der Zeit auch dazu führen, dass sie ihre Sexualität mehr und mehr als ein Geschenk erfahren, Sexualität als etwas sehen, das sehr wohl mit Gott, mit religiösem Leben und Spiritualität in Einklang zu bringen ist. Dann kann ihre Sexualität auch als Quelle für ihre Spiritualität und ihre Beziehung zu Gott dienen.

Positive Sichtweise von Sexualität: Sexualität als Quelle der Spiritualität

Und tatsächlich gab und gibt es in der religiösen und da auch in der christlichen Tradition eine Sichtweise, die in der Sexualität etwas Positives sieht, ja die Sexualität als eine Quelle der Spiritualität versteht und würdigt. Es sind dies vor allem die mystischen Strömungen. Sie stellen die große Bedeutung heraus, die Eros und Sexualität für eine lebendige Beziehung zu Gott haben können. Sie verstehen die Sexualität als eine Kraft, die uns über uns hinaus führt, die uns dazu drängt, uns hinzugeben, uns zu vergessen, uns zu verschmelzen. Die mystischen Strömungen machen uns darauf aufmerksam, dass in der Sexualität ein Transzendenzpotential steckt, das uns, so Anselm Grün, in Gott hinein transzendieren, das uns zu der Erfahrung der innigsten Verbindung mit Gott führen möchte. Unabhängig davon, ob wir die Sexualität in einer Beziehung leben oder andere Formen finden, sie in unser Leben zu integrieren, kann die Sexualität die Kraft sein, die mit dazu beiträgt, dass wir uns transzendieren, bis hin zur Verschmelzung mit dem ganz Anderen, dem Numinosen, Gott.

Wenn wir unsere Sexualität so sehen und in ihrer Bedeutung für unser religiöses Erfahren und spirituelles Erleben würdigen, kann „die Sexualität eine Quelle von Lebendigkeit, Phantasie und Kreativität und ein spiritueller Weg sein." (Grün 1992, 30)

Eros belebt und beseelt unser Leben

Eros kommt die Bedeutung einer göttlich-menschlichen Kraft zu.
Paul Tillich

Bekannt ist das Wort Nietzsches, das Christentum habe dem Eros Gift zu trinken gegeben. Aller Mißbrauch des Eros wird Anlaß, ihn anzuklagen, zu verdächtigen und aus dem religiösen Leben auszuschließen. Doch sind beide aufeinander angewiesen. Wer Eros und Religion trennt und Feindschaft zwischen ihnen sät, schafft einen Zwiespalt zwischen Menschenliebe und Gottesliebe. Wo Eros und Religion sich ausschließen, wird der Eros gemein und die Religion kalt. Eros sinkt herab zum Vagabund und Religion verhärtet. Denn Eros ist es, der den Seelengrund lockert und das Gemüt weich und formbar macht. Von ihm gehen die enthusiastischen Kräfte aus, ohne die religiöses Leben ermattet. Wo dagegen Eros und Religion sich verbinden, wird Eros geadelt, vergeistigt, verklärt und schenkt dank der Religion Vitalität.

Josef Goldbrunner (1966, 141f.)

Eros beflügelt unser Leben

Ein erster, entscheidender Schritt, der zu einer Versöhnung von Sexualität und Spiritualität führen und dazu
beitragen kann, in der Sexualität eine Quelle der Spiritualität zu entdecken, besteht darin, ein positives Verhältnis
zu Eros zu entwickeln und ihn in allen Bereichen unseres
Lebens zuzulassen und wirken zu lassen.

Eros wird oft mit Sexualität gleich gesetzt, wenn er nicht
sogar einseitig mit dem Milieu der Eros-Center gleich gesetzt wird. Hier gilt es Adolf Köberles (1986, 12) Hinweis
zu beherzigen: „Man verschließt und verbaut sich von
vornherein den Zugang zu dem Phänomen des Eros, wenn
man ihn nur mit Erotik oder gar nur mit Sexualität gleich-
setzt. Der Eros hat gewiß auch ein lebhaftes Empfinden
für die Freude, die aus der Begegnung von Mann und Frau
entspringt, aber erschöpft sich darin in keiner Weise."

Eros kann schon damit beginnen, wie ich den Frühstücks-
tisch decke oder welche Musik ich bevorzuge. In der
Zwölftonmusik beispielsweise kann ich im Unterschied
zu der Musik von Mozart Eros nicht entdecken. Eros
entdecke ich in vielen barocken Kirchen, nicht aber in
der Sterilität vieler phantasielos gestalteter Schul- und
Hörsäle. In Platons Schrift *Symposion* begegnet uns Eros
als Kind von *Poros* und *Penia*. „Vom Vater besitzt Eros
das überfließende Element, den sich verschenkenden
Reichtum, von der Mutter her gehört zu seinem Wesen
das Leiden unter dem Unvollkommenen, das Verlangen
nach Ergänzung, nach Vereinigung mit dem Absoluten.
(20) Weiter meint Adolf Köberle (12):

*„Eros ist die Fähigkeit, sich von der Erscheinungsfülle
der Welt und des Lebens in Schöpfungslust und Schöp-*

fungswonne ergreifen zu lassen. Der Eros vermag zu staunen, zu bewundern, er kann sich begeistern und auch das Erschauern ist ihm nicht fremd. Wo der Eros erblüht, da fällt ein Leuchten auf alle Gestalten und Erscheinungen des Lebens."

Bin ich empfänglich für Eros, lasse ich ihn in meine Seele und mein Herz einkehren, lasse ich mich von ihm beflügeln. Er meldet sich dann in der Begegnung mit einer bestimmten Person, bei einer Überlegung, in einem Traum. Beim Anblick einer bestimmten Frau setzt er mich in Verwirrung oder löst eine Faszination in mir aus. Er belebt meine Phantasiewelt und schenkt mir Erfahrungen, die mich öffnen und die sich wie ein lang ersehnter Regenschauer über mich ergießen. Oder ich erlebe die Begegnung mit Eros wie die Sonne, die mich erwärmt und küsst. Noch einmal Adolf Köberle (13f.):

„Der kosmogonische Eros ... entzündet sich an der Schönheit und Landschaft, an dem Sprung eines edlen Pferdes, an dem lockeren Spiel einer Flöte, an dem geheimnisvollen Rauschen des Hochwaldes. Der Anblick der untergehenden Sonne, die nach Friedrich Nietzsche ‚ihren Reichtum ins Meer schüttet, dass auch der ärmste Fischer noch mit goldenem Ruder rudert' lässt die Seele erglühen... Der künstlerische Eros kann geradezu ekstatische Formen annehmen. Wie soll auch ein Dirigent das Orchester faszinieren und Begeisterung auf die Hörer übertragen, wenn er nicht fähig ist, sich bis zum Letzten an ein Werk hinzugeben." (13ff.)

Man denke an Lenny Bernstein, der als Dirigent manchmal geradezu in Ekstase geriet. Er sagte einmal, dass sein

Verhältnis zum Orchester einem sexuellen Verhältnis vergleichbar sei, so innig, so ganz füreinander geöffnet ist die Beziehung zwischen dem Dirigenten und seinem Orchester.

Eros als Gnade

Wird Eros in unserem Leben und Tun zugelassen, bringt er Farbe, Freude, Geschmack in unser Leben. Er bewässert unser Leben und trägt zu einer Vertiefung und Erdung bei. Er ist wie ein Lebenssaft. Ohne diese Erfahrung wären wir wie halbiert, wie abgeschnitten vom Leben. Wir würden nur noch aus unserem Kopf oder aus unserer Vernunft bestehen. Auf uns würden Goethes Worte zutreffen: „Armer Mensch, an dem der Kopf alles ist." Ohne Eros gleichen wir einem gestutzten Baum, für den das Leben saft- und kraftlos ist. Unsere Seele ist dann wie eingefroren und alles erscheint uns grau in grau. (vgl. Köberle 14)

Die belebende und sinnliche Erfahrung, die in unser Leben tritt, wenn wir Eros in unser Leben herein lassen, gilt es zu bejahen. Sie ist ein Geschenk. Sie ist Gnade. Die Begegnung mit dem Eros kommt der Begegnung mit einer Quelle gleich, die uns Lebendigkeit, intuitives Erleben, tiefe Leidenschaft und inniges Ergriffensein schenkt und ermöglicht. Sind wir offen für Eros, kann er alles in uns und um uns herum mit seinem „Touch" beseelen: unsere Politik, den Umgang miteinander am Arbeitsplatz, die zufällige Begegnung auf der Straße, das Miteinander in der Schule und in der Gemeinde.

Für den Lehrer, den Seelsorger oder Prediger ist Eros unentbehrlich. „Wer zu keiner Ergriffenheit der Seele fähig ist, mag als Verwaltungsbeamter Karriere machen" (Köberle 14), er wird aber die Menschen nicht begeistern können. Wie kann ich Schüler und Schülerinnen begeistern, wenn ich selber nicht von dem, was ich vermitteln will, begeistert bin? Oder wie kann ich Menschen ein Gespür für den Unbegreiflichen schlechthin, Gott, vermitteln, wenn ich selbst nicht ein Ergriffener, von Gott Ergriffener bin? Wie kann ich sie für den lebendigen, lebenspendenden Christus begeistern, wenn ich selbst kraft- und saftlos bin? Eine gute Predigt ist wie ein Kuss, sagt der Seelsorger Michael Sailer, im vorletzten Jahrhundert Bischof von Regensburg.

Eros zieht es hin zu Gott

Lassen wir Eros zu, kann er auch unsere Spiritualität beleben und beseelen. So kann ich eine Messe im wahrsten Sinne des Wortes wie ein Beamter lesen oder eine Predigt herunterlesen. Ich darf mich dann aber nicht wundern, wenn meine Worte die Seelen der anderen nicht zu ergreifen vermögen. Denn, so Goethe im Faust:

> *Wenn ihr's nicht fühlt, ihr werdet's nicht erjagen*
> *Wenn es nicht aus der Seele dringt*
> *Und mit urkräftigem Behagen*
> *Die Herzen aller Hörer zwingt.*
> *Sitzt ihr nur immer! leimt zusammen,*
> *Braut ein Ragout von andrer Schmaus*
> *Und blast die kümmerlichen Flammen*
> *Aus eurem Aschenhäufchen 'raus!*
> *Bewundrung von Kindern und Affen*
> *Wenn euch danach der Gaumen steht –*

20

Doch werdet ihr nie Herz zu Herzen schaffen,
wenn es euch nicht zu Herzen geht.

Ich kann auch ein Gebet seelenlos, eroslos und herzlos herunterleiern, oder aber Eros über mein Beten und Singen ausschütten, es mit Eros einfärben und durchtränken. Das geschieht, wenn ich Paul Gerhardts Lied *Geh' aus mein Herz und suche Freud* mit Leib und Seele spreche oder noch besser singe und dabei Eros voll zulasse:

Geh aus mein Herz und suche Freud
In dieser schönen Sommerszeit
An deines Gottes Gaben.
Schau an der schönen Gärten Zier
Und siehe, wie sie mir und dir
Sich ausgeschmücket haben.

Die Bächlein rauschen in dem Sand
Und malen sich an ihrem Rand
Mit schattenreichen Myrten;
Die Wiesen liegen hart dabei
Und klingen ganz vom Lustgeschrei
Der Schaf und ihrer Hirten.

Ich selber kann und mag nicht ruhn;
Des großen Gottes großes Tun
Erweckt mir alle Sinnen;
Ich singe mit, wenn alles singt,
Und lasse, was dem Höchsten klingt,
Aus meinem Herzen rinnen.

Eros als göttlich-menschliche Kraft

Hier ist nichts zu spüren von der Mäßigung, die uns offen oder versteckt im religiösen Kontext immer wieder angeraten und befohlen wird. „Nur keine Überschwenglichkeit, nur keine dionysische Naturseligkeit, nur kein Außersichsein in der Hingabe… Je mehr das Leben bei gedämpftem Trommelklang verläuft, umso mehr nähert es sich der christlichen Idealauffassung" (Köberle 26). So jedenfalls scheint die Botschaft zu lauten, die uns ein Leben lang vermittelt wurde. „Die Mäßigen sind auch immer die Mittelmäßigen" kommentiert Friedrich Nietzsche diese Verpflichtung zur Hochhaltung des Mittelmäßigen. Die Zusage von Leben in Fülle wird hier zur Farce. Dabei ist uns doch zugesagt (Joh. 1,16): *Aus seiner Fülle haben wir alle genommen, Gnade über Gnade.* Das ist doch nicht nur ein hohles Wort, das sind doch nicht nur Worte. Wenn wir aus seiner Fülle nehmen, dann schließt das Eros mit ein, dann ist der Vater von Eros, *Poros,* mit beteiligt, trunken vom Nektar, für den das überfließende Element, der sich verschenkende Reichtum, Kennzeichen ist.

Man denke an manche Psalmen, die nur so strotzen von Eros und seiner überbordenden Fülle. So auch die Schlussverse von Psalm 96,11–13:

> *Der Himmel freue sich,*
> *die Erde frohlocke,*
> *es brause das Meer und alles,*
> *was es erfüllt.*
> *Es jauchze die Flur und was auf ihr wächst.*
> *Jubeln sollen alle Bäume des Waldes*
> *vor dem Herrn, wenn er kommt.*

Eros will Saft und Farben in unser Leben bringen, er will unser Herz und unsere Seele erfreuen, er will in uns die Freude am Schönen wecken und uns immer wieder zum Tanz des Lebens einladen. Eros ist zugleich davon beseelt, uns an Erfahrungen heranzuführen, die uns über uns hinaus führen. Er steht „unter dem Gesetz einer Bewegung zur Transzendenz…" (Stoeckle 1962, 98). So zieht es Eros auch hin zu Gott. „Wir haben, Plato folgend, Eros als die treibende Kraft in jeder kulturellen Kreativität und in jedem Mystizismus definiert. Als solche Kraft kommt Eros die Bedeutung einer göttlich-menschlichen Kraft zu", sagt Paul Tillich (in: Irwin 1991, 1).

Wir müssen Eros in unseren Glauben und in unsere Kirchen zurückholen

Wir müssen den Eros in unseren Glauben und dann auch in unsere Kirchen zurückholen. Wir müssen ihm die Türen unseres Herzens, unserer Religionen und unserer Kirchen öffnen, dass er uns und sie beseelen und mit seinem Saft durchtränken kann. Er allein vermag die Verbindung zum Fluss des Lebens herzustellen, von dem wir durch eine allzu abstrakte Theologie, Leibfeindlichkeit und ideologische Überhöhungen abgeschnitten worden sind. Es ist höchste Zeit, dass die Theologie und die Kirchen ihr eisernes Korsett ablegen, mit dem sie Eros und damit einhergehend Sinnenfreudigkeit und Lebendigkeit erstickt haben.

Letztlich unterdrücken wir damit Gott selbst, der sich uns in der Erfahrung von Verzweiflung *wie* in der Erfahrung höchster Freude zeigt. Er begegnet uns in der Agonie *und* in der Ekstase. Wenn wir nicht mehr weiter wissen, in Augenblicken totaler Hoffnungslosigkeit und Erschütterung ist er uns nahe. Wir dürfen ihn aber auch im Zustand tiefster Glückserfahrung schauen, in der Wonne-Erfahrung sexueller Erfüllung.

„Alles, was Odem hat, lobe den Herrn", beten wir im Psalm 150. Alles, was atmet, alles, was lebt, alles Leben, lobe den Herrn. Alles, was *lebt*! Damit Leben möglich ist, muß das Korsett, das für Ideologie, Unerlöstheit, Selbstverachtung und letztlich Gottesverachtung steht, gesprengt werden, damit Gottes Kraft, Gottes Odem, *sein* Geist und Eros uns, unser Leben und unseren Umgang miteinander beseelen und beleben kann.

Eros und Agape

Religion und Liebe gehören zusammen,
weil Liebe nicht nur als Agape verstanden
werden darf, sondern auch als Eros.
Wilhelm Gößmann

Eros ist in Agape und Agape ist in Eros.
Paul Tillich

Eros und Agape haben sich in der Geschichte des Christentums in schmerzlicher Weise auseinander gelebt... Wenn es zu einer Versöhnung kommen soll, dann bedarf es auf beiden Seiten einer Bekehrung. Die Agape muß ihre Abneigung gegen den Eros aufgeben... Aber nicht nur die Agape sollte lernen, dem Eros wohlgesinnt zu werden. Auch der Eros muss einsehen, dass er der Ergänzung durch Agape bedarf... Zum Leben gehören auch Dunkelheit und Sorge, Altwerden und Kräfteverfall, gehören Einsamkeit und Vergessenwerden. Keinem bleibt die Begegnung mit diesen Schattenseiten des Lebens erspart. Wer heute auf den Höhen des Eros wandelt, kann morgen schon in Leid und Anfechtung gestürzt werden. Wohl dem, dem dann im finstern Tal der Beistand der Agape in einer lebendigen Gestalt zuteil wird.

Adolf Köberle (1986, 25, 31f.)

Eros und Agape gehören zusammen

„Es ist ein Unglück, daß man in ausgesprochen spiritua-
listischer Weise die christliche Agape säuberlich von Eros
und Sexus getrennt hat, um den Adel der Agape nicht
mit der verächtlichen Erotik und Sexualität zu besudeln",
stellt Karl Ledergerber (1971, 64) fest. Dabei, so Paul Tillich, ist Eros in Agape und Agape in Eros. „Einer *agape*
ohne *eros* fehlt die Wärme. Dem *eros* ohne *agape* fehlt
das Urteilsvermögen. Beides gehört zusammen und kann
nicht getrennt werden." (Paul Tillich in: Feuerstein 1993,
310) Wenn es zu einer Versöhnung von Agape und Eros
kommen soll, müssen beide aufeinander zugehen, „bedarf es auf beiden Seiten einer Bekehrung". Tun sie das
aber, dann gereicht das zum Segen des Menschen, denn
„erosarme Agape und agapeloser Eros sind", so Adolf Köberle (31), „gleichermaßen unerfreuliche Erscheinungen.
Mit einer freudlosen, seufzenden Agape" – Kennzeichen
so mancher sich anscheinend ganz für andere hingeben-
der Menschen – „ist niemand geholfen."
Die Agape ist nach Adolf Köberle (27) unmotiviert, gren-
zenlos. Sie trifft keine Auswahl, sie bevorzugt nicht das
Liebenswerte, sie wendet sich dem Unwürdigen und Be-
dürftigen zu. „Die Agape trocknet gerne Tränen. Sie ach-
tet darauf, dass der glimmende Docht nicht verlöscht und
das zerstoßene Rohr nicht zerbrochen wird." Eros für sich
dagegen hat an der Not der Menschen, dem Banalen kein
Interesse. Allein von Eros und Eroserfahrungen motivier-
tes Handeln kann zum Egotrip und total verantwortungs-
losem Verhalten ausarten. Adolf Köberle (27):

> *„Der Eros kann grausam sein in der auswahlhaften Nei-
> gung, die zu seinem Wesen gehört. In seinem Verlangen*

nach Abwechslung, nach immer neuen beglückenden Eindrücken und Begegnungen, fällt es sehr schwer, die Dauer und Treue zu beweisen, die zum Wesen einer guten Ehe gehört. Der Eros hat einen starken Widerwillen gegen alles Mühselige und Kranke. Er mag sich nicht die Hände damit beschmutzen. Die Agape überwindet die Scheu, wenn es gilt, den Kampf gegen Elend und Schmutz aufzunehmen."

Wenn sich Eros und Agape miteinander verbinden, kann Eros Agape in die Hingabe führen – die Hingabe an die Menschen und die Hingabe an Gott. Bis hin zur geschlechtlichen Vereinigung mit dem Menschen, den ich liebe oder der mystischen Vereinigung mit dem Einen, Gott. Das aber ist dann nicht nur ein Rausch, ein Fest der Ekstase. Es ist es auch, es ist aber auch eingebunden in das Band der Liebe, das nicht beim Kreisen um sich selbst stehen bleibt, sondern die augenblickliche Erfahrung umrahmt, damit vertieft und erhöht. Eros und Agape gehören zusammen, wollen sie, wie das für die mystische Erfahrung gilt, das Menschliche und Göttliche zusammenbringen. Denn Gott und Gottes-Erfahrung bleiben ohne Agape, ohne die Erfahrung von Liebe nur ein Stückwerk. „Damit in der Gott-menschlichen Beziehung die volle Wechselseitigkeit entstehen konnte, mussten sich", so Walter Schubart (1989, 136f.), „der griechische Eros und die christliche Agape innig durchdringen. Das geschah in der christlichen Mystik, in der sich die beiden Gegenströme trafen, der aufwärts führende menschliche und der abwärts führende göttliche Liebesstrom."
Bei dieser Liebe versöhnen sich Agape und Eros, denn die Mystik kennt beide Wege, „den von Gott zum Menschen und den vom Menschen zu Gott. Nur auf dem

Boden dieser Überzeugung konnte der Glaube an die Verschmelzbarkeit von Mensch und Gottheit reifen und die Paulinische Gemeinschaft mit Gott zur Liebesvereinigung mit Gott verdichtet werden. Erst damit erhält das gott-menschliche Verhältnis seine volle erotische Ausgestaltung." (137)

Ich will dich lieben mit immerwährender Begier

Die Umsetzung und Verlebendigung des Hauptgebotes des Ersten und des Zweiten Testaments kann nur mit Hilfe von Eros erfolgen. Bei Lukas 10,27 heißt es:

> *„Du sollst den Herrn, deinen Gott, lieben, aus deinem ganzen Herzen, aus deinem ganzen Gemüt mit all deiner Kraft."*

Bernhard Stoeckle (1962, 193f.) meint dazu: „...wenn je aus diesem größten aller Gebote eine Aussage zugunsten menschlicher Triebkräfte, die für ein Engagement im Dienste der Gottesliebe tauglich sind, gefolgert werden kann, dann wird man auch ... auf den Eros verweisen müssen: sind doch Herz und Gemüt im Grunde nichts anderes als Symbole jener Mitte menschlichen Wesens, in der gerade er sein Zuhause hat."

An dieser Stelle wird deutlich, wie unmöglich und letztlich künstlich es ist, Eros und Agape auseinander zu dividieren. Es ist genauso künstlich, wie wenn ich Leib und Seele oder Religon und Eros auseinander dividiere. Ein „Christentum, das den Eros nicht verdammt, sondern ihn in die Glaubenshaltung integriert, wird nie und nimmer sich dazu hergeben, naturlos, leibfeindlich und sinnen-

Barmherzigkeit

Skulptur von Gian Lorenzo Bernini in Rom
(nach Entfernung eines Bronzekorsetts – im Jahr 2002 –,
in dem sie 139 Jahre steckte)

feindlich zu werden. ...der christliche Glaube kann auf den religiösen Eros nicht verzichten; denn er ist die Art und Weise wie auf das Widerfahrnis der Gottesliebe in Gegenliebe geantwortet wird." (Köberle 33) Was das heißt, wird in den Worten des Mystikers Angelus Silesius deutlich, wenn er betet:

Ich will dich lieben, meine Stärke,
Ich will dich lieben, meine Zier,
Ich will dich lieben mit dem Werke
und immerwährender Begier.
Ich will dich lieben, schönstes Licht
Bis mir das Herze bricht.

Eine von Sinnlichkeit und Eros strotzende Barmherzigkeit

Nach 139 Jahren wurde Gian Lorenzo Berninis Skulptur *Barmherzigkeit* von ihrem Bronzekorsett befreit. Was wir endlich sehen dürfen, ist eine von Sinnlichkeit und Eros strotzende barbusige Frau, die uns voller Hingabe und mit einem nahezu seligen Gesichtsausdruck ihre Brüste reicht. Ich kann mir kaum vorstellen, dass die Verbindung von Eros und Agape eindrucksvoller dargestellt werden kann. Berninis *Barmherzigkeit* überwindet die oft vorgenommene Trennung von Agape, Eros und Sexus und zeigt, „daß immer, wo Liebe sich entfaltet – zum Weibe, zum Nächsten, zu Gott – dieselbe Kraft am Werke ist, dass die drei Liebesarten miteinander zusammenhängen und sich gegenseitig befruchten, so daß ein Wachstum der einen auch den beiden anderen zugute kommen kann." (Schubart 1989, 136f.)

Es ist höchste Zeit, das Bronzekorsett abzulegen, das sich viele, gerade auch in den Kirchen, die sich im Namen der Barmherzigkeit engagieren, angelegt haben. Dann kann Eros, der dabei oft fast erstickt worden ist, wieder Luft bekommen und Agape mit seiner Kraft, Sinnlichkeit und Freude durchtränken. Dann ist auch nicht länger nur vom Aufopfern die Rede, was gar nicht verschwiegen werden muss. Es ist aber auch die Rede von der Freude und der Lust, die damit einhergehen kann, wenn meine Liebe für andere überfließt. „Wie ein Mehltau legte sich in der Kirche ein Mißtrauen auf alles, was Sinneslust zu erregen schien. Das Evangelium verlangt zwar nichts anderes, als daß der Mensch aus Liebe handele, und wer aus Liebe handelt, tut es auch mit Lust. Liebe kann zwar hart sein gegen den Egoismus, aber letztlich ist sie mit Lust identisch, ob diese Liebe nun Agape oder Eros heißt." (Ledergerber 1971, 69) Durch den Eros kann Agape in ihrer vollen Lebendigkeit erscheinen.

Ja zu unserem Leib
und der Erfahrung von Lust

*Wisst ihr nicht, dass ihr Gottes Tempel seid
und der Geist Gottes in euch wohnt?*
1. Korintherbrief 3,16

Der Körper erzählt eine spirituelle Geschichte. Er ist nicht einfach nur Körper, er ist ein Ausdruck des Geistes der menschlichen Person, und das wirkliche spirituelle Leben ist ein eingefleischtes Leben. Das ist der Grund, warum ich an die Inkarnation glaube – daß Gott Fleisch wird, Gott in unser Fleisch eintritt, in unseren Körper. Das heißt, wenn du einen Körper berührst, dann berührst du in einer gewissen Weise das göttliche Leben. Das ist es, warum ich an die Inkarnation glaube. Es gibt kein göttliches Leben außerhalb des Körpers, da Gott die Entscheidung traf, sich selbst in einen Körper zu kleiden, Leib zu werden.

Henri Nouwen (in: Ford 1999, 27f.)

Ich habe nicht einen Leib, ich bin ein Leib

Zahllose Menschen, so Georg Feuerstein (1993, 346), versuchen den Weg der Spiritualität zu gehen, „indem sie aus dem vermeintlichen Gefängnis ihres Körpers entfliehen wollten!" Da sie, so fährt er fort, den Körper als Feind, als Gegner der Seele, verstehen, verdammen sie sich selbst dazu, nur einem verstümmelten Gott zu begegnen. Der Körper ist nicht nur das Ross, dessen sich die Seele, wie es Augustinus einmal formulierte, in der Gestalt des Reiters bedient. Auch ist er nicht nur das Haus, in dem die Seele wohnt. Der Körper fällt gegenüber der Seele qualitätsmäßig nicht ab. Schon gar nicht ist er lediglich ein notwendiges Übel, das man halt in Kauf nehmen muss. Die enge Verbindung von Leib und Seele spricht Henry David Thoreau (1996, 35) an, wenn er sagt:

> *„Ich fühle mich nie inspiriert, wenn es mein Leib nicht auch ist. Auch er verachtet ein zahmes Leben der Gemeinplätze. Es ist ein verhängnisvoller Fehler, zu meinen, daß man mit dem Geist streben und den Körper dabei in Luxus und Trägheit verkommen lassen kann. Der Körper ist der erste, den die Seele zu sich bekehrt. Unser Leben ist die Seele, die sich durch ihre Früchte, den Körper, zu erkennen gibt. Die ganze Pflicht des Menschen kann in einer Zeile ausgedrückt werden: Schaffe dir einen vollkommenen Leib."*

Auf die ihm eigene inkarnierte Weise drückt das Meinrad Dufner, Mönch der Abtei Münsterschwarzach und geistlicher Begleiter im Recollectio-Haus aus, wie wichtig für eine gesunde Spiritualität eine positive Haltung gegenüber unserem Leib ist:

Ich habe nicht einen Leib, ich bin ein Leib.
Es ist eine große Kränkung –
eine Dauerkränkung –
würde ich mich in Bezug auf meine Beine
oder meine Ohren
oder was auch immer an meinem Leib
nicht annehmen können.
„Ich bin schön!"
Das ist ein ebenso selbstverständlicher
als auch aufregender Satz.
Mein Leib ist das Gedächtnis all meiner Erfahrungen.
Fortwährend wird Wort immer noch Fleisch.
Ob ich Gott liebe – das ist eine Frage.
Ob ich mich liebe – das ist auch eine Frage.
Wie kann jemand die eine Frage bejahen,
wo er die andere verneint?
Nein! Ich liebe Gott nur, wenn ich mich liebe.
Alles Leben als menschliches Leben im Leib.
Geistiges Leben
braucht einen Leib,
mit dem es gelebt wird;
ein Wort, ein Lachen,
ein Herz voller Herz.
Glauben ist eine Körperhaltung und Gangart,
eine Weise zu lachen und hinzuschauen.
Immer:
Wie ich berühre, werde ich berührt.
An Achtsamkeit und Ehrfurcht hängt alles.

Unser Leib ist wie ein Tempel

Unser Leib ist ein Tempel. Er ist das Gefäß unserer Heiligkeit. Es ist ein großer Unterschied, ob wir unserem Leib gegenüber eine ablehnende und von Misstrauen geprägte Einstellung haben oder ob wir voll Wohlwollen ihm gegenüber eingestellt sind. Im einen Fall können wir uns gar nicht vorstellen, dass wir begehrenswert, schön und liebenswert sind. Auch gestehen wir uns dann nicht zu, die Freude und die Lust, die aus der Erfahrung des Leiblichen, aus Berührung und Erregung entstehen, als schöne und positive Erfahrungen zuzulassen. Haben wir aber eine positive Einstellung gegenüber unserem Leib, sagen wir „Ja" zu unserem Leib, erfreuen wir uns an unserem Leib, empfinden wir Dankbarkeit darüber, dass wir einen Leib haben und unseren Leib nicht nur im Schmerz, sondern auch in der Erfahrung von Berührung und Lust spüren und genießen dürfen. Wir haben dann kein schlechtes Gewissen, wenn wir Lust erfahren, sondern erfreuen uns daran und lassen uns davon für unser Leben, unser Lieben und unser Tun energetisieren. Eine positive Haltung gegenüber dem Leiblichen einnehmen, schließt also ein, „Ja" zu sagen zu Vergnügen und Lust. Nach Thomas von Aquin ist die Fähigkeit, grundsätzlich empfänglich zu sein für das Vergnügen, das aus der Berührung entsteht, eine Tugend. Die dazu nicht fähig sind, bezeichnet er als unsensibel.

Ihre Liebkosung mache dich immerfort trunken

Das Alte bzw. Erste Testament kennt eine große Offenheit gegenüber der Sinnenfreude. So heißt es im Buch der Sprichwörter (5,18f.):

Dein Brunnen sei gesegnet;
freu dich der Frau deiner Jugendtage,
der lieblichen Gazelle, der anmutigen Gemse!
Ihre Liebkosung mache dich immerfort trunken,
an ihrer Liebe berausche dich immer wieder!

J. Philipp Newell (2000, 87) berichtet davon, wie ein Rabbi, der in der kabbalistischen Tradition stand, dazu kam, Vergnügen und Heiligkeit nicht länger als Gegensatz, sondern als eine Einheit zu sehen:

„Ich hörte einst einen keuschen Mann, wie er über die Tatsache klagte, daß die sexuelle Vereinigung, ob man das nun wolle oder nicht, mit der Erfahung von Lust einherginge. Ihm wäre es lieber gewesen, wenn es ohne sexuelles Vergnügen möglich gewesen wäre, sich mit einer Frau zu vereinigen, um das Gebot des Schöpfers zu verwirklichen: „Sei fruchtbar und vermehre" … Einige Zeit darauf schenkte ihm Gott die Gnade, zu verstehen, was sexuelle Heiligkeit im Letzten bedeutet. Die Heiligkeit rührt gerade von der Erfahrung des Vergnügens her. Dieses Geheimnis ist so wunderbar, tief und ehrfurchtgebietend."

Das Vergnügen und die Erfahrungen, die mit der sexuellen Vereinigung einhergehen, sind von solcher Art, dass sie keinen Vergleich kennen. Daher wird auch die sexuelle Vereinigung in der Kabbala als eine heilige Handlung verstanden. Um die spirituelle Dimension sexueller Erfahrung würdigen, sehen und erfahren zu können, ist eine positive Haltung und Einstellung gegenüber unserem Leib und der Erfahrung von Lust und Vergnügen wichtig.
„Lust wird fälschlicherweise nur als Egoismus angesehen.

Natürlich gibt es eine Befriedigung des Lustlebens, die sozusagen einseitig auf das Ich gerichtet ist, oder sagen wir besser, die noch nicht dialogisch, zwischenmenschlich durchstrukturiert ist." (Ledergerber 1971, 71) Das Erleben des menschlichen Sexualaktes beweist aber unmittelbar, „daß Lust nicht nur ein Nehmen, sondern auch ein Geben ist... Der seelisch intensivste Orgasmus, also die höchste sexuelle Lust, ist nur da erreichbar, wo der Partner gleichzeitig dieselbe Höhe des Gefühls erlebt. Der nur auf sich bedacht Lustsuchende verfehlt diese Intensität... Darum nennt Solowjew als *Sinn der leiblichen Liebesgemeinschaft das Übersteigen des Egoismus...*

Dieses Untergehen des Egoismus, dieses über das selbstische Nehmen hinausgehende Mehrbekommen zeigt, daß in Wirklichkeit Lust etwas Gnadenhaftes ist, real und symbolhaft, im menschlichen Erleben, und die sexuelle Umarmung ein Akt mystischer Einigung sein kann. Schmerz und Lust sind Formen der Selbstaufgabe. Vom Schmerz wissen wir es zur Genüge, von der Lust nicht." (71)

Wie ein Baum, gepflanzt an den Wasserbächen

In Psalm 1 heißt es:

Wohl dem, der Lust am Gesetz des Herrn hat.
Der ist wie ein Baum,
gepflanzt an den Wasserbächen,
der seine Frucht bringt zur rechten Zeit,
und seine Blätter verwelken nicht;
und was er macht, das gerät wohl.

Wenn wir die Lebenskräfte und die Lebenssäfte, die Gott uns geschenkt hat, zulassen, wenn wir uns voll als Mensch, mit Leib und Seele, bejahen, sind wir wie ein Baum, gepflanzt an den Wasserbächen, der seine Frucht bringt zu seiner Zeit. Eine Spiritualität, die den Leib übergeht, läuft Gefahr, im luftleeren Raum zu schweben. Sie mag auf der Suche nach dem noch Schöneren, noch Wunderbareren, dem uns Übersteigenden, das Schönste und Wunderbarste, das Gott geschaffen hat, übersehen. Das aber ist seine Schöpfung und was sie enthält und ausmacht. Dazu gehört das Wunder unseres Leibes, in dem Gott sich ein Ebenbild geschaffen hat. Der Dichter Johann Peter Hebel sagt:

Wir sind Pflanzen, die
– wir mögen's uns gerne gestehen oder nicht –
mit den Wurzeln aus der Erde steigen müssen,
um im Äther blühen und Früchte tragen zu können.

Ein Kriterium dafür, ob jemand spirituell geerdet ist, ist auch, ob er wie ein Baum ist, der zu seiner Zeit Frucht trägt oder ob seine Blätter welken. Das gilt innerlich und äußerlich. Das gilt für die ganze Person. Gott wohnt in unserem *soma,* wie der griechische Begriff für Leib und Seele heißt. Deshalb ist es wichtig, will ich ein spiritueller Mensch sein, „bei mir selbst zu sein, ein Tempel des Geistes, und deshalb ganz nahe bei Gott, zuhause sein in meinem Haus, wo Gott wohnt." (Nouwen zit. in: Ford 1999, 191) „Das Reich Gottes wohnt in euch", sagt der Mystiker Johannes Tauler. Das aber meint, in uns als ganzem Menschen, unseren Körper eingeschlossen. Es gilt daher immer wieder des Göttlichen in uns gewahr zu werden und sich von dem Bewusstsein erfüllen zu lassen, dass Gott selbst Wohnung bei uns nimmt, er im ganzen Menschen wohnt.

Ob jemand aus der Beziehung mit Gott lebt, zeigt sich daher auch in seinem Leib, in seiner Haltung, in seinen Bewegungen, in seinen Augen. Es zeigt sich in seiner Ausstrahlung, in der Art und Weise seiner Präsenz, in seiner Haltung gegenüber seinem Körper, der Pflege seines Körpers, der Art und Weise seiner Ernährung, und in seinem Umgang mit seiner Sexualität. Ob jemand aus der Beziehung mit Gott *lebt*, wirklich daraus lebt, zeigt sich weiter in seiner Offenheit für die Erfahrung von Freude, Vergnügen und Lust.

Die Sexualität treibt uns zur Liebe und zum Leben an

Der Fromme schaue Gott unverhüllt
wie der Liebende die geliebte Frau.
Chassidische Weisheit

Wenig Aufmerksamkeit wird der Tatsache geschenkt, dass Jesu volle Menschlichkeit die Erfahrung genitaler Erektion und sexueller Attraktion eingeschlossen hat. Die männliche Erfahrung eines erigierten Phallus in der Nacht oder in den frühen Stunden des Morgens ist eine universelle Erfahrung von Jugendlichen auf dem Weg zum Mannwerden. Er repräsentiert auf der einfachsten Ebene die Erneuerung tiefer körperlicher Energie in uns. Phallische Erektion ist auch die Antwort auf sexuelle Attraktion. Es ist ein Zeichen für Lebendigkeit und eine Fähigkeit, den Samen neuen Lebens auszudrücken. Genitale Aktivität ist fundamental für das Geheimnis der Existenz der Schöpfung und der Kontinuität von Menschlichkeit. Wenn wir sagen, daß Jesus, der uns wahre Menschlichkeit enthüllt, nichts über sexuelle Energien in sich selbst wußte, was sagen wir damit über unsere Sexualität? Sagen wir damit, daß sie irgendwie nicht wahrhaft menschlich ist oder daß sie sich in Gegensatz zu Gottes Natur befindet, unserer Schöpfung und dem Schöpfer der ganzen Schöpfung?

J. Philipp Newell (2000, 84)

Sexualität ist mehr als Sex

Eine positive Einstellung zur Sexualität ist Voraussetzung, um die Sexualität, die zu den mächtigsten Kräften in uns zählt, für eine lebendige Spiritualität fruchtbar zu machen.

Ein erster Schritt kann darin bestehen, Sexualität nicht auf ihre genitalen Aspekte zu reduzieren, sondern weiter und ganzheitlicher zu verstehen. Wir sprechen von *Sex*, wenn wir von genital – sexuellem Verhalten reden, etwa in der Redeform „Wir haben Sex". Der Begriff *Sexualität* sagt im Unterschied dazu mehr aus. Er schließt ein, wer wir bezogen auf unser Geschlecht sind, was wir über Sexualität denken und fühlen und wie wir uns sexuell verhalten. Er kann weiter einschließen, welche Bedeutung und welchen Sinn wir in unserem sexuellen Verhalten sehen (vgl. Sperry 2002, 30). In den Worten von Evelyn und James Whiteheads (1989) heißt das: „Was unser Körper für uns bedeutet, wie wir uns als Mann oder als Frau verstehen, die Art und Weise, mit der wir uns wohlfühlen, Zuneigung ausdrücken – das ist Teil unserer Sexualität… In diesem sehr weiten Sinne bedeutet Sexualität, wie wir Sex zu etwas Einzigartigem machen."

Weiter hat die Sexualität ganz unterschiedliche Funktionen. So hat sie eine Fortpflanzungsfunktion. Sie steht am Anfang der biologischen Existenz eines jeden Menschen. Jeder von uns schuldet sein Dasein der Tatsache, dass irgendwann in der Geschichte eines Mannes und einer Frau die Lücke zwischen den beiden geschlossen wurde. Sexualität ist weiter eine Quelle, die eine der intensivsten Erfahrungen von Lust und Vergnügen ermöglicht. Sie hat eine Entspannungs- und Lustfunktion. Schließlich kommt der Sexualität eine kommunikative Funktion zu. Sie dient dem Kennenlernen, dem Austausch von Mitteilungen, der Verständigung. Sie bahnt den Weg für eine Beziehung, bringt Menschen zusammen. Bereits in einer flüchtigen Begegnung zweier Menschen kann Sexualität anwesend sein, wenn zwei Menschen sich anschauen und spüren, dass ein Funken von einem zum anderen überspringt. Sexualität kann als ein prickelndes Gefühl erfahren werden, wenn wir uns verlieben. Weiter ist die Sexualität eine der mächtigsten Träger von Eros und seinem Verlangen nach Vertiefung, Erhöhung, Erkennen. Schließlich tritt die Sexualität in den Dienst der Urbedürfnisse und Urwünsche des Menschen nach Geborgenheit, nach Annahme, nach Nähe und Intimität. Darüber hinaus ist unsere Sexualität auch eine Quelle für die Erfahrung des Erotischen, für kreatives Schaffen und die Fähigkeit, mystische Erfahrungen machen zu können. So hat unsere Sexualität eine genitale, eine personale, soziale und spirituelle Dimension.

Über Sexualität wie von einem Sonnenaufgang erzählen

Alle diese Erklärungsversuche reichen nicht aus, die Buntheit, Breite und Tiefe dessen, was Sexualität eigentlich ausmacht, zu erfassen. Zu sehr ist die Sexualität mit dem ganzen Menschen verwoben. Über Sexualität kann man im Grunde genommen nur wie von einem Sonnenaufgang oder einem Sonnenuntergang erzählen. Erst die Erfahrung, die an der Stimmung, an Symbolen, an Gefühlen interessiert ist, vermag etwas von der Tiefe, Breite, Höhe, Buntheit, aber auch dem Geheimnisvollen der Sexualität zu vermitteln. Ein Beispiel dafür ist das Hohelied.

In den Texten und in Bildern des Hoheliedes begegnet uns eine Einstellung und eine Erfahrung von Sexualität, die ganzheitlich ist. Bei ihr werden die Sinne, das Herz und die Seele gleichermaßen angesprochen. Es kommt darin eine Einstellung und Erfahrung von Sexualität zum Ausdruck, die die erotisch-sexuelle Begegnung, die in immer wieder neuen Bildern beschrieben wird, uneingeschränkt bejaht. Da heißt es zum Beispiel (Hohelied 2,1ff):

Ich bin eine Blume auf den Wiesen des Scharon
eine Lilie der Täler.
Eine Lilie unter Disteln
ist meine Freundin unter den Mädchen.
Ein Apfelbaum unter Waldbäumen
ist mein Geliebter unter den Burschen.
In seinem Schatten begehre ich zu sitzen.
Wie süß schmeckt seine Frucht meinem Gaumen!
In das Weinhaus hat er mich geführt.
Sein Zeichen über mir heißt Liebe.
Er stärkt mich mit Traubenkuchen,
erquickt mich mit Äpfeln;
denn ich bin krank vor Liebe.
Seine Linke liegt unter meinem Kopf,
seine Rechte umfängt mich.
Bei den Gazellen und Hirschen auf der Flur
beschwöre ich euch, Jerusalems Töchter:
Stört die Liebe nicht auf,
weckt sie nicht,
bis es ihr selbst gefällt.

Die Sexualität – ein entscheidendes Element des Lebenstromes

Entwicklungspsychologisch betrachtet kann die Sexualität verstanden werden als ein entscheidendes Element jenes Lebens-Stromes, der uns in unseren vielfältigen Ausfaltungen als Mensch ausmacht. Das Bild vom Strom will sagen: Die Sexualität ist ein Teil dieses Stromes und kann nicht isoliert von diesem Lebens-Strom betrachtet werden. Sie stellt eine von vielen Dimensionen, Seiten und Strebungen in uns dar. So gesehen ist es auch problematisch, eine Person in viele einzelne, mitunter voneinander abgekoppelte und getrennte Bereiche und Strebungen zu untergliedern. Der Mensch ist ein Ganzes und einem Organismus vergleichbar, der sich ständig im Fließen, im Bewegen, im Entwickeln und Entfalten befindet. Die sexuelle Entwicklung findet im Kontext der menschlichen Entwicklung statt, zu der die biologische, psychische, soziale und auch die spirituelle Entwicklung gehört. Hier wird auch deutlich, wie sehr Sexualität und Spiritualität etwas miteinander zu tun haben, ja miteinander verwoben sind.

In der Kindheit und im Jugendalter positive Erfahrungen mit der Sexualität machen

Unsere Sexualität ist wie alle anderen Dimensionen, die unsere Entwicklung und unser Menschsein ausmachen, ein Geschenk Gottes. Wir würdigen sie als ein solches Geschenk, wenn wir eine natürliche, selbstverständliche und positive Einstellung ihr gegenüber einnehmen. Wie alle anderen Gaben und Fertigkeiten, die wir haben, etwa unseren Intellekt, unsere Motorik oder unsere Fähigkeit, Gefühle zu empfinden und zu äußern, sollen wir auch die Entwicklung und Entfaltung unserer Sexualität zulassen. Wie diese anderen Gaben reift unsere Sexualität als Teil unseres Lebensflusses mit den Jahren heran und entwickelt sich. Damit unser Leben sich entfalten und fließen kann, muß auch unsere Sexualität sich entwickeln und fließen können.

Wenn wir als Kinder in einer Umgebung und Atmosphäre aufwachsen, die von einer positiven Haltung gegenüber der Sexualität geprägt ist, wird das auch unsere Einstellung und Haltung gegenüber der Sexualität, die Gefühle, die mit ihr verbunden sind, und das Verlangen, das von ihr ausgeht, beeinflussen. Gerade die Erfahrungen und Eindrücke, die wir im Zusammenhang mit der Sexualität in der Familie, in der wir aufwachsen, machen, sind von besonderer Bedeutung und haben entsprechende positive bzw. negative Auswirkungen auf unser Verhältnis zu unserer Sexualität.

Unser Lebensfluss wird behindert, wenn wir – aus welchen Gründen auch immer – unsere Sexualität nicht zulassen, nicht mit ihr in Berührung sind oder so tun, als gäbe es für uns die Sexualität nicht. Unsere Sexualität, die natürlich auch dann, wenn wir so tun, als hätten wir keine, da ist, bleibt dann ein unentwickeltes Negativ, ein vernachlässigtes Potenzial. Sie kann sich dann nicht in klaren Konturen und Farben ins Leben und zum Ausdruck bringen. Unsere Sexualität wirkt dann wie verkrüppelt und kann nicht ihren Beitrag zu einem vollen Leben, zu einem Leben in Fülle leisten.

Die gefundene sexuelle Orientierung annehmen

In der Zeit der Pubertät, wenn wir uns anschicken, Jugendliche zu werden, regt sich unsere Sexualität in besonderem Maße. Die Hormone wogen auf und bewirken ein gesteigertes sexuelles Interesse. Die erwachende Sexualität gilt es zu begrüßen, zuzulassen, zu genießen und zunehmend zu gestalten. Jetzt geht es darum, immer mehr ein Gespür dafür zu bekommen, was denn eine sexuelle Erregung ist, wie sich Sexualität anfühlt, welche Erfahrungen sie ausmacht. Es ist die Phase in unserem Leben, in der die meisten Erfahrungen mit Selbstbefriedigung machen. Viele machen in dieser Zeit erste sexuelle Erfahrungen mit Personen des anderen oder des gleichen Geschlechtes.

Etwas später, in der Zeit der Identitätsfindung, geht es darum, immer klarer herauszufinden, wer wir hinsichtlich unserer sexuellen Orientierung sind, also ob wir heterosexuell, homosexuell oder bisexuell sind. Ist klar, wie unsere sexuelle Orientierung ausgerichtet ist, ist es wichtig, diese Ausrichtung zu bejahen und anzunehmen.

Das gilt auch für homosexuelle Männer und Frauen. Die Annahme ihrer homosexuellen Gefühle ist wichtig, weil, so Henri Nouwen (1971, 210), homosexuelle Gefühle ebenso wie heterosexuelle Gefühle den Kern des inneren Lebens eines Menschen berühren, „und wer vorgibt, diese homosexuellen Gefühle nicht zu haben, so tut, als könne er ohne Herz leben". Er und sie unterschlagen damit nicht nur, homosexuell zu sein, sie kapseln sich damit vor allem von der Quelle ab, aus der ihre innigsten, intimsten Gefühle, also auch ihre Liebe und Leidenschaft, ihre Fürsorge und Hingabe, gespeist werden.

Die Stunde der Intimität

Ein weiterer wichtiger Entwicklungsschritt im Rahmen unserer sexuellen Entwicklung, der sich an die Identitätsfindung anschließt, ist das Einlassen auf die Prozesse, die uns befähigen, uns auf tiefe, innige Beziehungen einlassen zu können. Das schließt ein, fähig zu sein, sich in einen anderen Menschen einfühlen zu können oder sich auf eine vertraute und tiefe Weise mit einem anderen Menschen austauschen zu können. Ich kann dann der anderen Person meine Innenseite zeigen und bin in der Lage, die Innenseite eines anderen Menschen zu verstehen. Auch die sexuelle Begegnung kann zu einer intimen Begegnung werden, ja in ganz besonderer Weise Innigkeit erfahren lassen, wenn es dabei zu einer Leib, Psyche und Seele gleichermaßen ansprechenden Erfahrung kommt. Eine sexuelle Erfahrung für sich muss daher noch keine intime Begegnung im Sinne einer innigen Begegnung sein.

Vereinigung mit einem anderen Menschen, mit der Schöpfung und mit Gott

Endpunkt der psychosexuellen Entwicklung ist das Verlangen und die Sehnsucht nach uns überschreitenden Taten und Erfahrungen. Es ist das Verlangen, über uns hinauszuschreiten, etwas zu tun, was über die Sorge um uns selbst hinaus geht. Die einen kommen diesem Verlangen nach, indem sie Kinder auf die Welt bringen und für ihr Aufwachsen und Wohlergehen Sorge tragen, andere durch einen besonderen Einsatz für andere. Teil dieser Sehnsucht ist auch ein tiefes Verlangen nach Vereinigung und Verschmelzung.

Nach Donald Cozzens (2003) sind die Erfahrung von Intimität und Transzendenz jene tief in uns verwurzelten Sehnsüchte, die den Menschen schließlich unausweichlich und letztendlich in die Vereinigung mit Gott führen. Unter der Erfahrung von Intimität versteht er dabei die Vereinigung mit einem anderen Menschen, unter Transzendenz die Erfahrung der Vereinigung mit der Schöpfung. Die Kombination der Erfahrungen von Intimität und Transzendenz führt schließlich zu Gott.

Psychische, soziale und spirituelle Integration unserer Sexualität

Unsere Sexualität zu würdigen und als Geschenk Gottes zu begreifen heißt also, sich all den Entwicklungsschritten zu stellen, die es zu bestehen gilt, um immer mehr zu einer reifen und da auch sexuell reifen Person heranzuwachsen. Das gilt für den, der in einer Beziehung mit einem Lebenspartner leben will ebenso wie für die Person, die ehelos leben will. Auf der psychologischen bzw. psychischen Ebene meint das, ein durchgängiges, stabiles Gefühl des eigenen Selbst, einschließlich der eigenen Identität zu finden. Auf der sozialen Ebene ist das Ziel der psychosexuellen Entwicklung, fähig zu werden zu reifen, innigen zwischenmenschlichen Beziehungen, was voraussetzt, dass eine entsprechend positive psychologische Entwicklung des Selbst stattgefunden hat. Spirituell gesehen geht es darum, fähig zu werden, in eine tiefe, innige, unser Selbst übersteigernde Beziehung zu Gott treten zu können. Positiv verlaufene Entwicklungen auf der persönlich-psychischen und sozialen Ebene sind Voraussetzung dafür.

Spiritualität und Sexualität wollen zueinander

Da unsere sexuelle Entwicklung und unsere Sexualität mit den anderen Bereichen, die zu unserem Menschsein gehören, verwoben ist, lässt jener, der seine Sexualität nicht zulässt, sie verdrängt und auf Dauer unterdrückt, *sich* nicht zu. Er unterdrückt *sich* und behindert *sich.* Er beeinträchtigt neben seiner psychischen, emotionalen und sozialen Entwicklung auch die Entfaltung seiner Spiritualiät. Sie – Sexualität und Spiritualität – sind eingebunden in seine Gesamtperson. Als Elemente des fließenden Lebensstromes sind sie von allen Einwirkungen auf diesen Lebensstrom mitbetroffen. Wenn daher zum Beispiel die Sexualität, die ja auch für das Sinnliche, das Vitale, das Kreative, das Leidenschaftliche in uns steht, unterentwickelt bleibt oder brachliegt, wo soll dann unsere Spiritualität ihre Vitalität und Leidenschaft hernehmen? „Die Sexualität ist die faszinierende Kraft, die uns zum Leben und zur Liebe antreibt, sie ist die eigentliche Quelle der Spiritualität" sagt Anselm Grün (1995, 21).

Es kann daher nicht gut gehen, wenn sich Sexualität und Spiritualität gegenseitig bekriegen, statt sich die Hand zu reichen. Wer Sexualität und Spiritualität zu gegenseitigen Feinden macht, der vergewaltigt sie, der reißt etwas auseinander, was zueinander will und zueinander gehört. Mir hat schon als Student folgende Passage bei Sigmund Freud (1978, 87f.) viel zu denken gegeben und mich innerlich zum Schmunzeln veranlasst:

„Gerade dasjenige, was zum Mittel der Verdrängung gewählt worden ist ... wird Träger des Wiederkehrenden; in und hinter dem Verdrängenden macht sich endlich siegreich das Verdrängte geltend ... Eine bekannte

Die Versuchung des heiligen Antonius
von Félicien Rops

(in: Friederike Haussauer/Peter Roos: Félicien Rops,
Zürich 1984, Haffmans Verlag)

Radierung von Félicien Rops illustriert diese wenig beachtete und der Würdigung so sehr bedürftige Tatsache eindrucksvoller, als viele Erläuterungen es vermöchten, und zwar in dem vorbildlichen Falle der Verdrängung im Leben der Heiligen und Bösen. Ein asketischer Mönch hat sich – gewiss vor den Versuchungen der Welt – zum Bild des gekreuzigten Erlösers geflüchtet. Da sinkt dieses Kreuz schattenhaft nieder, und strahlend erhebt sich an seiner Stelle, zu seinem Ersatze, das Bild eines üppigen nackten Weibes in der gleichen Situation der Kreuzigung. Andere Maler von geringerem psychologischen Scharfblick haben in solchen Darstellungen der Versuchung die Sünde frech und triumphierend an irgendeine Stelle neben dem Erlöser am Kreuz gewählt. Rops allein hat den Platz des Erlösers selbst am Kreuze einnehmen lassen; er scheint gewußt zu haben, daß das Verdrängte bei seiner Wiederkehr aus dem Verdrängenden selbst hervortritt.“

Die Sexualität für die Spiritualität verfügbar machen

Bei Horaz heißt es: „Mag man die Natur auch mit der Heugabel austreiben, sie kehrt stets zurück.“ Verdränge ich die Sexualität, wird sie ein Schlupfloch finden, um sich zu zeigen und zum Ausdruck zu bringen. Sie wird mich dann aber überraschen und mir die Möglichkeit nehmen, gestalterisch mit ihr umzugehen. Ich nehme mir dann auch die Möglichkeit, meine Sexualität als Quelle für eine lebendige Spiritualität, für eine lebendige Gottesbeziehung fruchtbar zu machen. Lasse ich dagegen in meiner Beziehung zu Gott auch mein sexuelles Verlangen, mein Sehnen und Brennen zu, gibt es nicht nur, um das Bild von Félicien Rops aufzugreifen, *entweder* den Gekreuzigten *oder* die nackte Frau. Dann gibt es ein *sowohl – als auch*. Dann gilt, was Teilhard de Chardin (in: Schiwy 1988, 125) sagt:

> *„Die Tatsache, daß ein Mann sein Herz auf eine Frau zentriert, bedeutet nicht n o t w e n d i g, dass dieser Mann sich in seiner Beziehung zum Göttlichen gefühlsmäßig ‚neutralisiert‘ findet. Durch den weiblichen Stern h i n d u r c h kann die göttliche Sonne (w e i l viel stärker) noch wahrgenommen werden. Sie kann scheinen, und selbst mit einem lebendigeren Ausdruck, auf der gleichen Linie und darüber.“*

Der geistliche Schriftsteller Henri Nouwen, der homosexuell war und für den es wichtig war, auf der einen Seite zu seiner Homosexualität und zu seinen homosexuellen Gefühlen zu stehen, versuchte immer wieder auch seine homosexuellen Gefühle für ein tieferes geistliches Leben fruchtbar zu machen. Er ließ sich eine Ikone malen, auf der Johannes auf Christus zugeht und sich vor ihm verbeugt. Diese Ikone *Christus der Bräutigam* platzierte Henri Nouwen gegenüber seinem Bett. So war sie das Erste, was er am Morgen und das Letzte, was er am Abend sah. Auf seinen Bräutigam Christus konnte er alle seine homosexuellen Gefühle ausrichten. Da er zu seiner Homosexualität und seinen homosexuellen Gefühlen stand, also nicht so tat, als gäbe es sie nicht, konnte er seine Sexualität für eine vertiefte Jesus-Beziehung zur Verfügung stellen.

Sinnliches Erkennen

Gott tritt über unsere Sinne in unser Leben ein,
er kommt uns über unsere Sinne nahe.
Nach Bonaventura

Das Eigentümliche des erotisch-religiösen Wortaus-
tausches ist nun aber, dass er nicht feindlichen
Zusammenstoß, sondern Wahlverwandtschaft zwi-
schen Religion und Erotik aufdeckt. Das Seltsame
ist, dass sich die Sprache der Geschlechterliebe als
besonders tauglich erweist, religiöse Erlebnisse wie-
derzugeben, dass der Fromme, wenn er von Gott
reden will, unwillkürlich in die Sprache der Erotik
verfällt, dass ihm gerade während des Gebetes,
während des Aufblickens zur Gottheit, Bilder der
Liebeswelt vor das innere Auge treten.

Walter Schubart (1989, 107)

Gott mit allen Sinnen begegnen

Eine positive Einstellung gegenüber unseren Sinnen ist eine wichtige Voraussetzung für eine lebendige Spiritualität. Gott tritt, so der Kirchenvater Bonaventura, über unsere Sinne in unser Leben ein. Er kommt uns über unsere Sinne nahe. Gott erkennen wir auch sinnlich. Ich will das an zwei Beispielen verdeutlichen.

Die *Versuchung Evas* – ich war ganz überrascht, sie in Autun, einem Städtchen gut eine Stunde nördlich von Taizé gelegen, wieder zu sehen. Ein Freund hatte mir vor über 25 Jahren ein auf einer Holzplatte abgezogenes Bild von ihr geschenkt, das ich an verschiedenen Orten immer wieder aufhängte. So hat mich dieses Bild viele Jahre begleitet und ich habe diese Eva auch immer wieder angeschaut. „Nirgends in der Romanik" heißt es über sie, „ist der weibliche Körper mit derart realistisch schwingender Linienführung und so betörender Schönheit behandelt worden." Fast glaubt man, schreibt Axel Patitz (2000, 73) weiter, das Wispern hinter vorgehaltener Hand zu vernehmen, mit dem sie Adam betört.

Lange stehe ich betrachtend vor ihr. Ich versuche verschiedene Entfernungen und schaue die Eva aus unterschiedlichen Blickwinkeln an. Bis ich den für mich richtigen gefunden habe: vorne, links von ihr, sodass ich sie von vorne sehen kann. Da erwacht sie zum Leben. Sie schaut mich mit ihren großen Augen an. Ihr Körper nimmt jetzt eine Haltung ein, die verführerischer nicht sein kann. Sie setzt ihre ganze Sinnlichkeit ein und es gelingt ihr, mich zu verführen, Lust und Leidenschaft in mir zu wecken, meine Sexualität wach zu küssen. Ich musste ihr erst in die Augen schauen können, ihr Gesicht sehen, das lange Haar, das sich an ihren Hals, ihre Schultern

Eva von Autun

und ihren Oberarm schmiegt. Jetzt hat sie eine erotische Ausstrahlung. Ihre Brüste wirken wie eine Einladung zu einem Festmahl der Freude und Lust.

Diese Eva zierte mit einem Adam den Türsturz des Nordportals der Kathedrale Saint-Lazare in Autun. Man stelle sich das vor: am Eingang der Kirche wurden die Menschen von dieser Eva gegrüßt – wenn das nicht eine Einladung ist, Gott in der Kirche sinnlich, mit allen Sinnen zu begegnen.

Ein Verstehen, das über ein intellektuelles Verstehen hinausgeht

Ein anderes Beispiel dafür, wie wichtig sinnliches Erkennen für eine lebendige Spiritualität sein kann, ist die Gravierung *Nuptials of God,* die der Bildhauer Eric Gill im Jahre 1922 schuf. Sie zeigt eine Frau, die mit ausgestreckten Armen direkt gegenüber dem Körper von Jesus steht, der am Kreuz hängt. Außer den nackten Armen und zwei kleinen Stellen ihrer nackten Beine sieht man nur ihr körperlanges Haar, das ihren Körper bedeckt. Für den Künstler Eric Gill repräsentiert diese Verbindung von leidendem Christus und menschlichem Haar das tiefste Geheimnis spirituellen Lebens: die erotische Vereinigung von Christus und seiner Kirche.

Dieses Bild will eine Wahrheit ausdrücken, die in Worten nicht gefasst werden kann. Schauen wir diese Gravierung an, werden auch unser Eros und unsere Sexualität angesprochen. Eros und sexuelles Empfinden helfen uns über ein bloßes Denken hinaus auf einer tieferen Ebene zu *erkennen,* um was es hier geht. Hier trifft das hebräische Wort für Erkennen *jadah* zu, das das sexuelle Erkennen mit einschließt. Wenn ich mein sexuelles Empfinden als eine Weise des Verstehens zulasse und würdige, kann ich tiefer sehen, tiefer erfahren und erkennen. Das hebräische Wort *jadah* dient auch als Kennzeichnung für die Hinwendung zu Gott, für das Erkennen Gottes. „Wenn das Alte Testament vom Menschen sagt, er habe Gott ‚erkannt' oder er sollte Gott ‚erkennen' … denkt es an einen Akt existentieller Hingabe" (Stoeckle 1962, 348), der der sexuellen Begegnung entspricht.

Die geheimnisvolle Verbindung von Christus und seiner Kirche, die Eric Gill in seinen *Nuptials of God* zum Ausdruck bringen möchte, kann daher kaum schöner vermittelt werden als über jenes tiefere Erkennen, bei dem die Erweckung des erotischen und sexuellen Empfindens auch eine Rolle spielt. In der Betrachtung der Gravierung von Eric Gill werden unser Eros und unser sexuelles Empfinden geweckt. Wir *erfahren* und verstehen etwas, was über unser intellektuelles Verstehen hinaus geht.

Wem heilige Gluth in zitternden Wellen das Herz schmolz

Auch die konkrete erotische Erfahrung kann zu einem tieferen Verständnis religiöser Wahrheit beitragen. Das veranschaulicht Novalis (2000, 81) in seinem Gedicht *Hymne:*

> *Wenige wissen*
> *Das Geheimnis der Liebe,*
> *Fühlen Unersättlichkeit*
> *Und ewigen Durst.*
> *Des Abendmahls*

Nuptials of God

von Eric Gill

Göttliche Bedeutung
Ist den irdischen Sinnen Räthsel;
Aber wer jemals
Von heißen, geliebten Lippen
Athem des Lebens sog,
Wem heilige Gluth
In zitternden Wellen das Herz schmolz,
Wem das Auge aufging,
Daß er des Himmels
Unergründliche Tiefe maß,
Wird essen von seinem Leibe
Und trinken von seinem Blute
Ewiglich.

Interessant ist hier der Wortaustausch von erotischer und religiöser Erfahrung, die nach Walter Schubart (1989, 103) aus ihrer Wesensverwandtschaft zu erklären ist. Sakrale Wendungen werden in den erotischen Sprachschatz aufgenommen oder erotische Ausdrücke in die Sprache der Religion.

Damit der göttliche Funken Feuer in uns fangen kann

Eucharistiefeier am Sonntag in Taizé. Nichts Aufregendes und doch und gerade deswegen Nährendes. Nährend für die hungrige Seele.

„Damit wir teilhaft werden an deinem Leib und deinem Blut". Das habe ich schon so oft gehört. Heute ergreift mich für einen kurzen Augenblick ein heiliger Schauer, als ob ich zum ersten Mal verstehe, begreife, mich ergreift, was das meint. Vielleicht ist auch meine Seele inzwischen

so weit geöffnet, dass mich diese Aussage in einem An-
flug leiser, inniger Ekstase so tief berühren kann. Teilhaft
werden an SEINEM Leib und SEINEM Blut! Das ist so
unbegreiflich. Das ist doch einzigartig. Das sprengt alles
Denkvermögen. Ja, ja, ich weiß, Gott ist auch da, wenn
ich ihn nicht spüre. Ich muss ihn nicht spüren, ich muss
nicht berührt und ergriffen sein von seiner Gegenwart.
Aber ich *darf* es. Ich muss an eine Aussage von C.G. Jung
(1971, 42), dem großen Tiefenpsychologen, denken:

*„In einer geradezu tragischen Verblendung sehen
manche Theologen nicht ein, daß es sich nicht darum
handelt, die Existenz des Lichts zu beweisen, sondern
darum, daß es Blinde gibt, die nicht wissen, dass ihre
Augen etwas sehen könnten. Man sollte nachgerade
einmal merken, daß es nichts nützt, das Licht zu prei-
sen, und zu predigen, wenn es niemand sehen kann.
Vielmehr wäre es notwendig, den Menschen die Kunst
des Sehens beizubringen … Um dieses innere Schauen
möglich zu machen, muß der Weg zum Sehen-Können
freigemacht werden. Wie dies ohne Psychologie, das
heißt ohne Berührung der Seele erreicht werden soll, ist
mir, offen gestanden, unergründlich.“*

Und ich begreife nicht – und jetzt komme ich in Fahrt –,
warum wir das in unseren Kirchen nicht begreifen.
Warum uns zugemutet wird, sterile, langweilige Gottes-
dienste absitzen zu müssen und uns das manchmal noch
als Disziplin, Askese verordnet wird. Warum tausend
Liedstrophen und Worte und noch mal Worte und eine
Predigt, die nur wegführt vom Zentrum, der Botschaft,
die in sich oft so klar ist? Warum haben wir nicht den Mut
zur Einfachheit, zum Wenigen, zum Tiefen und dazu, das

zu tun, was unsere Seele berührt? Damit der göttliche Funken, der in uns glimmt, Feuer fangen kann. Damit die Pforten unserer Seele, unser göttlicher Grund sich öffnet und wir in unseren Gottesdiensten aufatmen und durchschnaufen können, mehr als sonst im Alltag Leben, Lebenslust und Lebenssehnsucht in uns erwacht und zum Ausdruck kommen kann. Die Lebendigkeit Gottes in uns entfacht und für unser Leben fruchtbar gemacht wird.

Manchmal schaue ich während der Eucharistiefeier um mich und sehe dann die halb leere Kirche. Die Menschen sitzen verstreut in der großen Kirche. Viele, wenn sie überhaupt singen, singen mit Ausnahme von wenigen, die durchaus innig und herzhaft dabei sind, ohne große Bewegung. Gerald Vann (1960, 53) sagt einmal von Priestern: „Wenn sie ihre Herzen lebendig und jung erhalten, machen sie schließlich noch etwas Verrücktes. Wenn sie ihre Herzen unterdrücken, werden sie nie die Fülle ihrer Berufung erreichen und noch schlimmer, sie werden lebendig tot sein." Das gilt nicht nur für Priester, sondern jeden Gläubigen.

Die Begegnung mit dem ganz Anderen

*Wenn ein Mensch die ganze Lehre und alle Gebote erfüllt hat,
aber die Wonne und das Brennen hat er nicht gehabt,
wenn er stirbt und hinüber geht, öffnet man ihm das Paradies,
aber weil er in der Welt die Wonne nicht gefühlt hat,
fühlt er auch die Wonne des Paradieses nicht.*
Aus der jüdischen Mystik

In den Küssen der Geliebten brennt das himmlische Feuer, das in uns den Willen zur großen Verwandlung entfacht, den Willen, aus der Enge der Person hinaus ins Freie zu kommen. Wie in der Muschel die ferne Riesenmacht des Meeres, so rauscht aus dem Atem der Geliebten die ganze Natur. Du sollst aus deiner Einsamkeit erlöst werden, sagt dieses Rauschen; Du sollst hinausgehen und deinem Du begegnen, der Gehilfin zu Gott. Zuletzt treibt die Geschlechterliebe den Menschen der Gottheit in die Arme und löscht den Trennungsstrich aus zwischen Ich und Du, Ich und Welt, Welt und Gottheit. Die echte Geschlechterliebe ist ein testimonium spiritus sancti. Sie entzündet sich am Göttlichen, empfängt von dort ihren Adel und weist schließlich auf das Göttliche zurück.

Walter Schubart (1989, 103)

Sich einem Höhern, Reinern, Unbekannten freiwillig hingeben

In der Erfahrung des Sichverliebens kann sich in uns ein Verlangen nach spirituellen und transzendenten Erfahrungen melden. Walter Schubart verweist auf einen Tagebucheintrag Hebbels, in dem es heißt: „Die irdische Liebe ist nur der Durchgang zur himmlischen." Hier wird angedeutet, wie im Zulassen der Liebe oder des Verliebtseins der Weg hin zu Gott gebahnt werden kann. Walter Schubart (1989, 101f.) schreibt dazu, von Gottes Geist sprechend:

> *„Er wählt den Eros zur Stelle seines Einbruchs in die Welt. Die göttliche Einheit bedient sich der menschlichen Zweiheit, um durch sie sichtbar zu werden. Daher hat die Geschlechterliebe ihre Macht und ihre Berufung: aus dem Entspannen polarer Gegensätze den Geist der Einheit lebendig zu machen und zu formen. Sie ist auf Gott angelegt... Der wahrhaft Liebende sucht mehr als sich und seine Lust. Er sucht selbst mehr als die Geliebte..."*

Wie sehr sich „die erotische und religiöse Empfindung gleichen und wie die eine die andere herbeizieht" (Schubart 1989, 101) zeigt Goethe in seiner Marienbader Elegie auf:

> *In unseres Busens Reine wogt ein Streben,*
> *Sich einem Höhern, Reinern, Unbekannten*
> *Aus Dankbarkeit freiwillig hinzugeben,*
> *Enträtselnd sich den ewig Ungenannten;*
> *Wir heißens fromm sein! – Solch seliger Höhe*
> *Fühl ich mich teilhaft, wenn ich vor ihr stehe.*

Hier wird der Zustand des Sich-Verliebens angesprochen. Es ist einer jener Erfahrungen, die uns gleichsam überfallen. Diese Erfahrungen können für unseren Wachstumsprozess, für unsere Beziehungfähigkeit, aber auch – so eigenartig das zunächst klingen mag – für eine tief empfundene Gottesbeziehung von großer Bedeutung sein.

Damit das göttliche Feuer in uns entzündet wird und zum Brennen kommt, müssen wir das menschliche Verlieben zulassen. Im Verlieben kann sich auch ein tiefes Verlangen nach einer lebendigen und leidenschaftlichen Spiritualität in uns melden. Dieses Verlangen wird erfüllt, wenn wir uns nicht damit begnügen, die Angebetete zur Göttin zu machen, sondern, ausgelöst durch sie, das Göttliche in uns entdecken. Das setzt oft voraus, dass wir die menschliche Göttin entthronen, uns von dem verabschieden, was wir in sie hineinlegen und den Weg nach innen gehen. Dieser Weg ist mit Schmerzen verbunden. Es ist aber ein Weg, der uns läutert, verwandelt und in unsere Mitte führt, damit dort das göttliche Feuer, die göttliche Liebesflamme entbunden wird, wir unsere Sinnlichkeit und Leidenschaftlichkeit und das Göttliche in uns entdecken und zulassen.

Wenn wir uns verlieben, die geliebte Person für uns aber nicht zur Verfügung steht, kann es wichtig sein, die Sehnsucht nach der anderen Person dennoch zuzulassen. In uns werden in dieser Erfahrung Gefühle geweckt, die in uns leben möchten, die endlich beachtet werden wollen und die uns dahin führen wollen, wo wir die Erfüllung finden können, zu der die Sehnsucht, die wir im Verlieben spüren, uns letztlich führen will. Das kann die Stunde des Numinosen, des ganz Anderen sein. Es ist die Ewigkeit, die in diesen Momenten bei uns anklopft und will, dass wir sie in unser Leben, in unsere Gegenwart, in unsere jetzige Erfahrungswelt einlassen, um unsere Welt zu bereichern, sie weiter, tiefer zu machen. Was sich in dieser Sehnsucht meldet, kann von der geliebten Person allein nicht erfüllt werden. Es würde sie überfordern. Sie würde, müsste uns enttäuschen.

Meine Seele dürstet nach dir, mein Fleisch verlangt nach dir

Das innere Angerührtsein, das Verlangen und Sehnen, das wir im Verlieben in uns spüren, kommt auch in Psalm 63 zum Ausdruck:

> Gott, du bist mein Gott
> früh erwache ich zu dir,
> es dürstet meine Seele nach dir;
> mein Fleisch verlangt nach dir,
> in einem trockenen und dürren Lande,
> da kein Wasser ist.

Wenn unsere Seele nach Gott dürstet und unser Fleisch nach Gott verlangt, sehnen wir uns so sehr nach Gott, wie wir uns nach dem Menschen sehnen, den wir lieben und dem wir nahe sein möchten. Liebe zeigt sich unter anderem im Dasein füreinander, in der Treue zueinander, in der Verantwortung und im Respekt füreinander. Liebe kennt aber auch das Sinnenhafte, die Leidenschaft, das Brennen und Begehren. Das aber ist etwas Wunderbares, Gott-Gewolltes, Gott-Volles, ein kostbares und einzigartiges Geschenk. Es gehört mit zu dem Schönsten und Tiefsten, was wir Menschen als Gabe besitzen. Dieses Sinnenhafte, Leidenschaftliche, Brennen und Begehren lässt uns innerlich erzittern, lässt uns Ergriffenheit erfahren und vermittelt uns eine Ahnung von dem, was es heißt, vom Heiligen berührt zu werden, das ganz Andere, das Numinose zu erfahren.

Es ist die Begegnung mit dem ganz Anderen oder, wie C.G. Jung (1997, 146) es nennt, die Andeutung einer unsichtbaren Präsenz, „ein Numen, das aus sich lebt, und vor welchem den Menschen ein Schauer überfällt." Solange dieses Numen, diese unsichtbare Präsenz nicht unsere Spiritualität entzündet und erhellt, bleibt sie eine tote und sterile Spiritualität.

In einer dunklen Nacht, entflammt von Liebessehnen

In dem Gedicht des Mystikers Johannes vom Kreuz (1992) *Die dunkle Nacht des Geistes, der Sinne und der Seele* wird die Begegnung mit Gott mit den Worten einer menschlichen Liebesbeziehung beschrieben.

> *In einer dunklen Nacht,*
> *entflammt von Liebessehnen,*
> *o seliges Geschick!*
> *Entfloh ich unbemerkt,*
> *da nun mein Haus in Ruhe lag.*

> *In der seligen Nacht,*
> *insgeheim, so dass mich keiner sah,*
> *und ich selber nichts gewahrte,*
> *ohne anderes Licht und Geleit*
> *außer dem, das in meinem Herzen brannte.*

O Nacht, die mich lenkte!
O Nacht, holder als das Frührot!
O Nacht, die den Geliebten
mit der Geliebten vereinte,
die Geliebte in den Geliebten wandelte.

An meiner blühenden Brust,
die für ihn sich ganz bewahrte,
dort schlief er ein,
und ich schenkte mich ihm,
und die Zedern fächelten im Wind.

Der Windhauch von der Zinne
– während ich sein Haar ausbreitete –
mit seiner leichten Hand
verwundete er meinen Hals
und machte alle meine Sinne schwinden.

So blieb ich und vergaß mich selbst,
neigte das Antlitz über den Geliebten.
Alles erlosch, ich gab mich auf,
ließ meine Sorge fahren,
vergessen unter Lilien.

Hier schreibt jemand, der fast verbrennt vor lauter Sehnsucht nach Gott – wie ein Verliebter sich in seiner Sehnsucht nach der Geliebten verzehrt. Alle, die einmal über
beide Ohren verliebt waren, wissen ein Lied davon zu
singen, ein Freudenlied und ein Klagelied. Das Feuer, das
von innen brennt, das wir immer wieder in menschlichen
Beziehungen erfahren dürfen, ist das gleiche Feuer, das in
der Beziehung zu Gott brennen kann. Dieses Feuer lässt
sich aber nicht durch spirituelle Trockenübungen entfa-

chen. Es entsteht, wenn Menschen in ihrer Beziehung zueinander und in der Beziehung zu Gott Eros, Sexualität und einhergehend damit ihre Leidenschaft zulassen und dabei Erfahrungen machen, bei denen ihr Leib, ihre Sinne, ihr Herz und ihre Seele angesprochen werden.

Gott, schau meine Leidenschaft

Nach Auffassung des französischen Anthropologen Levy-Brühl (in: May 1991, 74) können wir niemals durch rein rationale, logische Methoden zu einem Verständnis Gottes gelangen. Der Einzelne muss vielmehr an Gott teilhaben. Dieses Teilhaben beschreibt er als „direkten und intimen Kontakt mit der Essenz des Seins durch Intuition, wechselseitige Durchdringung, Einklang von Subjekt und Objekt, volle Teilnahme und Immanenz, kurz das, das Plotin als Ekstase beschrieben hat." Es kommt zu einer ‚participation mystique‘, einer mystischen Durchdringung und Vereinigung.

Wie wir einen anderen Menschen nicht wirklich kennen lernen können, „ohne im weitesten Sinn in ihn oder in sie verliebt zu sein" (May 74), so können wir auch Gott nicht kennen lernen, ohne uns in Gott zu verlieben. Im Verlieben werde ich des anderen inne. Ich werde ihn ‚an meinem Puls‘ verspüren, wie es Keats formuliert. (vgl. May 74)

In seinem Gedicht mit dem Titel *In den besten Jahren* beschreibt das Werner May mit den Worten:

Heute
wo ich jeden Millimeter
deiner Lippen kennen lernen möchte

und ihm Zeit gebe,
mich zu entdecken
in unseren Küssen,
kann ich nicht mehr verstehen,
dass ich einmal geglaubt hatte,
dich zu kennen.

Lassen wir die Erfahrung des Sichverliebens in unserer Beziehung zu Gott zu, dann lassen wir das im Verlieben steckende Transzendenzpotential zu, das uns zur innigen Verbindung mit dem EINEN, Gott, hindrängt.

In einem Gebet, gefüllt von geerdeter Spiritualität, Leidenschaft und Begehren formuliert Meinrad Dufner:

Gott,
schau meine Leidenschaft,
höre den Schrei meines Sehnens,
gewahre das Feuer in Haut und Haar
und merke das Zittern der Kraft,
und dass es glüht in mir
für dich
als mich
als dich
im Geheimnis des Geistes als Fleisch.

Ekstase und mystische Erfahrung

*Man nähert sich Gott nicht durch eine Reise,
sondern durch eine Ekstase.*

*Wenn sich der Mann sexuell mit einer Frau vereinigt,
dann erkennt er sie tiefer, als jede wissenschaftliche
oder philosophische Erkenntnis darüber sein kann.
Das ist die Weisheit, aus der die meisten Menschen
leben, eine Weisheit menschlicher Intimität und Zuneigung, die die ganze Person mit einbezieht ... In der
sexuellen Vereinigung ist es nicht nur die physische Intimität, die gesucht wird, sondern auch die gegenseiti-
ge Liebe, die Selbsthingabe, die Gemeinschaft miteinander, in der jeder den anderen bereichert. Auch das
ist eine Art der Erkenntnis, und zwar die Erkenntnis
der Liebe und der engen Verbindung, in der der eine
den anderen entdeckt ... In wirklich tiefer Liebesvereinigung kann dies überleiten in einen Zustand der
Ekstase. Das Selbst geht über sich hinaus und erfährt
in Selbsttranszendenz den Grund des eigenen Seins.
Dann lassen Mann und Frau die Dualität der Sexualität hinter sich und erleben ihr Miteinander-Einssein
in totaler Erfüllung ...*

Bede Griffiths (1983, 164f.)

Das mystische Erlebnis ist mit Erotik getränkt

„Das Religiöse lebt sich erotisch aus. Der Geschlechtsakt befriedigt in symbolischer Weise den religiösen Verschmelzungsdrang", sagt Walter Schubart (1989, 60). Es ist so gesehen „kein Zufall, wenn man die mystische Erfahrung sehr oft mit Ausdrücken sexueller Vereinigung umschrieben findet." (Griffiths 1983, 64f.)

Da fleht die Mystikerin Margarete Ebner: „Ich bitte dich, mein Herr, dass Du Dich minniglich und barmherzig allen unseren Begierden gebest", und Mechthild von Magdeburg erbittet: „Herr, minne mich selbst und minne mich oft und lange. Ich rufe dich mit großer Gier, ich brenne unverlöscht in deiner heißen Minne ... Nun bin ich eine nackte Seele und du in mir selber ein wohlgezierter Gast." (Schubart 1989, 105)

Walter Schubart (1989, 132f.) zeigt die erotische Dimension spirituell mystischer Erfahrungen in der Beziehung zu Gott auf, wenn er sagt:

„Die asketische Einstellung des Mystikers zur Welt darf mit erotischer Askese nicht verwechselt werden, ebenso wenig wie man sagen darf, daß ein aus ganzer Seele Liebender vor der Erotik flüchtet, weil er über die Liebe zu einer einzigen Frau alle anderen Frauen vergißt. Das mystische Erlebnis ist durch und durch mit Erotik getränkt. Es ist seiner Natur nach Erotik, Verlangen nach Umarmung mit dem höchsten Wesen, und gerade weil es das ist, wird der Gott Liebende für jede andere Art Liebe, für Welt- und Geschlechterliebe unempfänglich. Er meidet sie, weil sein Liebesdrang schon sein Ziel gefunden hat in der wonnevollen Hingabe an das höchste Wesen. Der erotische Strom ist in ihm nicht versiegt,

sondern hat sich gesammelt auf das eine Geliebte, das summum bonum, Gott."

Die spirituelle, ekstatische Erfahrung, der der Verschmelzungsdrang zugrunde liegt, kann zu einer erotischen, ja sexuellen Erfahrung werden. Wenn das mystische Gebet „sich zur mystischen Ekstase, zur Wonne des Einswerdens steigert, dann ... ist es ... dem geschlechtlichen Liebesakt wesensgleich." (192) Wie beim sexuellen Zusammensein, wenn aus zwei ein Fleisch wird, das Unfassbare dieses Augenblickes sich in der Explosion des Orgasmus, in dem Freudenfest voller Vergnügen, Tanz und Ekstase Ausdruck verleiht, kann der Moment erfahrenen Vereintseins mit Gott zum Augenblick höchster Freude, zur Feier der Erinnerung und der Vergegenwärtigung der Begegnung mit Gott werden.

Alles in mir ist still und voller Zärtlichkeit

Confitemini Domino, quoniam bonus. Confitemini Domino, Alleluja. Morgengebet in der Kirche von Taizé. Ich muss an Jesaja 6 (3,4) denken: „Heilig, heilig, heilig ist der Herr, alle Lande sind seiner Ehre voll. Und die Schwellen bebten von der Stimme ihres Rufens, und das Haus ward voll Rauch". Die Schwellen beben nicht, doch ich spüre ein inneres Erzittern, wie es sich einstellt im Bewusstsein und in der Erfahrung eines heiligen, numinosen Augenblickes. Ich kann es gar nicht genau beschreiben. Es sind diese dichten Momente, in denen ich mein Innerstes spüre und dann zugleich die Nähe des EINEN erahne. *Confitemini Domino.* Ich übersetze das mit: *Zu dir bekenne ich mich, Gott, denn du bist gut.*

In diesem Augenblick ist alles in mir still und voller Zärtlichkeit. Es ist ein ruhiger, ekstatischer Augenblick, ein
tiefes Ergriffensein von etwas, was ich nicht begreifen
kann, mich jetzt aber ganz tief in mir berührt, sich auf
eine Weise verständlich macht, wie es ein intellektuelles
Verstehen niemals leisten könnte. Der, der mir näher ist
als ich ihm je sein kann, berührt mich behutsam und zärt-
lich. Er lässt mich erzittern und alles in mir hinströmen
zu ihm, zusammen mit den Tränen der Rührung. Es ist
wie in den Augenblicken, in denen die Sehnsucht nach
dem geliebten Menschen in mir durchbricht und es nur
noch Du, Du, Du gibt oder die so innig Geliebte mir ihre
Zärtlichkeit schenkt, mich berührt, sodass alles in mir
erzittert und es nur noch Ich und Du, Du und Ich und für
einige heilige Momente nur EINS-SEIN gibt.

Seele und Körper berühren sich in der sexuellen Begegnung

Die Mystikerinnen und Mystiker und ihre Liebespoesie
zeigen, dass sie ihre Gottesbegegnung nicht weniger
sinnlich erlebt haben als menschliche Liebespartner ihre
sexuelle Begegnung. Ebenso kann die sexuelle Liebes-
begegnung menschlicher Partner als eine spirituelle Begegnung erfahren werden. Nach Karl Ledergerber (1971,
214f.) kann auch der leibhafte Liebesvollzug menschlicher Liebespartner, „die physiologische und psychologische Erfahrung der Ekstase als mystische Erfahrung
verstanden werden. Der Orgasmus, die Quintessenz der
leibhaften Liebe, kann sogar, in aller Tiefe verstanden,
realsymbolisch als Medium mystischer Gotteserfahrung
erlebt werden – für den, der ihn so zu erleben vermag …

Was man gerne und allzu eilfertig der weltabgewandten Mönchsmystik vorbehalten wissen wollte, nämlich das spirituelle Gotteserlebnis, ist auch eine durchaus reale Möglichkeit der leibhaften Liebe, die leidenschaftlich, sinnlich erotisch, rauschhaft erfahren wird."

Die ekstatische sexuelle Erfahrung kann somit den Weg zu einer tiefen spirituellen Erfahrung eröffnen. Menschen erleben dann die intime, ganzheitliche sexuelle Begegnung als Moment, bei dem sie eine Ahnung von dem spüren, was über sie hinausgeht. „In der Intimität und Zärtlichkeit ‚transzendiert' man die gewohnte und unpersönliche Umgebung ... Für viele junge Menschen gibt es keine menschliche Erfahrung, die mehr an Ungewohntem, Freude und Heiligkeit mit sich bringt, als das sexuelle Zusammensein", meint M. Nowak (1964, 344). Und für Dody H. Donelly (1984, 34) kann die sexuelle Begegnung zu einer Gipfelerfahrung werden, die uns in besonderer Weise Gottes Nähe erfahren läßt. „Gerade im sexuellen Zusammensein", so meint sie, „können zwei Menschen Gott lieben, danken, anbeten. Das Verlangen nach Vereinigung, zur Fülle gebracht in der menschlichen Liebe, kann Teil der Überschreitung des Ich sein, das wir erfahren in unserem Bemühen, Gott spirituell zu lieben."

Die Erfahrung des Eins-Seins, wenn aus zwei eins wird, setzt im Grunde genommen die Erfahrung des Transzendenten voraus. „Denn nur an der Stelle, wo Menschen das Absolute berühren, können sie ineinander übergleiten und zu geistiger Einheit verschmelzen." (Schubart 1989, 125) Die körperliche Vereinigung geht dann einher mit der emotionalen und schließlich seelischen Vereinigung und Verschmelzung. „Seele und Körper *berühren sich* im Act", sagt Novalis.

In einer Sprache, die der Sexualität Würde, dem spirituellen Dasein sinnliche Fülle und Lust verleiht, drückt Novalis (2000, 210f.) in einem Gedicht aus, was im Augenblick seelisch – sinnlicher Vereinigung geschieht:

Leiser Wünsche süßes Plaudern
Hören wir allein, und schauen
Immerdar in selge Augen,
Schmecken nichts als Mund und Kuss.
Alles, was wir nur berühren
Wird zu heißen Balsamfrüchten
Wird zu weichen zarten Brüsten,
Opfer kühner Lust.

Immer wächst und blüht Verlangen
Am Geliebten festzuhangen,
Ihn im Innern zu empfangen,
Eins mit ihm zu seyn,
Seinem Durste nicht zu wehren,
Sich im Wechsel zu verzehren,
Von einander sich zu nähren,
Von einander nur allein.

Dann sind für Novalis Sexus, Eros und Agape nicht mehr zu trennen. Sie fließen zusammen in der ekstatischen Erfahrung des Orgasmus, bei der die beiden in Gott eingehen:

Und in dieser Flut ergießen
Wir uns auf geheime Weise
In den Ozean des Lebens
Tief in Gott hinein.

Wenn die Spiritualität in die Sexualität einbricht

Wenn wir Eros, Sexualität und ekstatische Erfahrungen positiv bewerten und als Quelle, Bereicherung und Erfahrungsmöglichkeit für unser religiöses und spirituelles Leben und Erleben zulassen, kann das zu einer Verlebendigung und Erdung unserer Spiritualität beitragen. Auf der anderen Seite kann eine positive Einstellung zur Spiritualität zu einer vertieften Erfahrung unserer Sexualität beitragen.

Eine Sexualität, die offen ist für Spiritualität bedarf einer bestimmten Atmosphäre. Bei ihr will ich der anderen Person in die Augen schauen können. Ich will spüren, wie der Boden unter den Füßen ins Wanken gerät. Ich will erleben, wie sich der Himmel in der sexuellen Erfahrung öffnet. In einer beseelten, spirituellen Sexualität höre ich das Herz des anderen schlagen, werden die Genitalien *und* die Herzen zusammengeführt. Eros wird nicht ausgeschlossen, sondern ist mitten drin. Er kann sich ungehindert ausbreiten und seine Lebens- und Seelenkraft ausströmen lassen. Lust und Heiligkeit sind gleichermaßen präsent.

Hat in unserer Sexualität unsere Spiritualität Platz, spüren wir in der sexuellen Begegnung unsere Seele, wohnt unserem Beisammensein ganz viel von uns selbst, unserem Innersten bei, das wir uns in diesem Augenblick gegenseitig schenken. Total geöffnet füreinander können sich unsere Seelen berühren und für einen Moment im Herzen des jeweils anderen Platz nehmen.

Von der Heiligkeit der Sexualität

In der sexuellen Begegnung können wir auch das Heilige erfahren. Lassen wir bei der sexuellen Begegnung unsere Spiritualität zu, kann die sexuelle Begegnung zu einem heiligen Moment, zu einem Sakrament werden. Nach dem Religionshistoriker Mircea Eliade (1958, 15) war die Sexualität – mit Ausnahme der modernen Welt – immer und überall eine ‚Erscheinung des Heiligen' und der „Geschlechtsakt ein allumfassender Akt – also auch ein Hilfsmittel im Dienste der Erkenntnis".

In anderen Worten, so J. Philipp Newell (2000, 86), meint das, dass die sexuelle Dimension unseres Seins und unserer Beziehungen zu einem Verständnis von Heiligkeit führen kann, das auf einer tieferen Ebene liegt als unser bewusstes Verstehen. Die Funktionen und die Gefühle, die von unseren Genitalien her kommen, können eine Weise der Offenbarung darstellen. Sie können uns etwas von dem nicht in Worte zu fassenden Geheimnis offenbaren, das die Mitte unseres Lebens und allen Lebens ausmacht. Bei der Vereinigung von Mann und Frau werden die beiden Partner Gottes im Akt der Schöpfung. Diese Vorstellung und Überzeugung findet sich in der kabbalistischen Tradition wieder, wenn es dort heißt: „Wenn ein Mann sich mit einer Frau in Heiligkeit vereinigt, dann ist Gott zwischen ihnen".

Der Sexualität wohnt das Heilige inne. Gerade wenn es darum geht, das Heilige, Numinose, das ganz Andere zu *erfahren,* spielt die Sexualität eine große Rolle. Dass die Sexualität an sich noch nicht heilig sein muss und es Erfahrungen von Sexualität gibt, die alles andere als heilig sind, ist dabei unbestritten. Es geht darum, die Heiligkeit, die der Sexualität grundsätzlich zukommt, zu entdecken und herauszustellen. Der Sexualität und der Spiritualität wegen. Die Kraft der Sexualität kommt in ihrer ganzen Fülle erst dann zum Zug, wenn die Sexualität nicht länger ihrer Heiligkeit entkleidet wird und ihr die ihr innewohnende Heiligkeit abgesprochen wird.

Sehr hilfreich sind in diesem Zusammenhang die Erkenntnisse und Erfahrungen von Bede Griffiths (1983, 14f.), der feststellt:

> „Für den Hindu ist Sexualität ganz wesentlich etwas ‚Heiliges‘. Sie ist eine Manifestation göttlichen Lebens und muss wie jede andere Form der Gottheit angebetet werden. Gott offenbart sich in allen Werken der Natur, in der Erde und im Feuer, in der Luft und im Wasser, in der Pflanze, im Tier und im Menschen. Sexualität ist eine der Manifestationen der göttlichen Macht – der Sakti –, die das Universum erhält und den Charakter eines Sakramentes hat.“

Wir im Westen haben der Schöpfung die ihr innewohnende Heiligkeit oft genommen. Wir haben ihr damit etwas geraubt, was – nach wie vor – zu ihr gehört. Das gilt in besonderer Weise auch für die Sexualität. Wer in Indien in einem hinduistischen Tempel auf die roh behauenen männlichen und weiblichen Geschlechtsorgane trifft, wird in diesem Kontext und in dieser Atmosphäre nichts Anstößiges, Obszönes oder gar Pornografisches daran finden. Das gilt auch für die in Stein gehauenen Geschlechtsorgane, die den Turm des Stefansdomes in Wien zieren sollen, im Unterschied zu ähnlichen Darstellungen in einem Sexmagazin oder Sexshop. *Da* sind die menschlichen Geschlechtsorgane gleichsam vom Heiligen umfangen. *Dort* sind sie ihrer Heiligkeit entkleidet und wirken entsprechend entseelt, da ihnen die Seele genommen worden ist. Ähnliches kann von der sexuellen Berührung oder der sexuellen Begegnung gesagt werden. Es gibt die sexuelle Berührung und die sexuelle Begegnung, der die Heiligkeit innewohnt, die von einer heiligen und auch ehrfürchtigen, zärtlichen Begegnung und Atmosphäre umfangen ist. Und es gibt die sexuelle Erfahrung, die zur Funktion, zum seelenlosen Tun und Ablauf reduziert worden ist, die einen Höhepunkt, aber keine heiligen Momente kennt.

Mystische Liebe, in der Menschliches und Göttliches sich treffen

Nach Bede Griffiths (1993, 166 f.) schenkt die körperliche und emotionale Vereinigung allein nicht die Befriedigung, die in der sexuellen Begegnung gesucht wird. Es ist ein sich ganz Hingeben, bei dem aus zweien eines wird, das Männliche und das Weibliche sich vereinigt, die Trennung der menschlichen Natur überwunden wird. Weiter meint Bede Griffiths:

„Mann und Frau finden so zur Vollständigkeit ihres Wesens; denn in jedem von beiden ist das Männliche und das Weibliche vereinigt, und somit ist die Trennung der menschlichen Natur überwunden. Dies ist die allerhöchste Intuition des Selbst, die man bei den großen Mystikern findet. Es ist kein Zufall, wenn man die mystische Erfahrung sehr oft mit Ausdrücken sexueller Vereinigung umschrieben findet. Dabei handelt es sich nicht um ‚Sublimation´ im Freudschen Sinne. Es handelt sich vielmehr um eine Öffnung der menschli-

chen Natur zur umfassenden Dimension ihres Seins. Es liegt in der Natur der menschlichen Liebe, daß sie nicht allein mit physischem Kontakt oder emotionaler Sympathie befriedigt werden kann. Menschliche Liebe sucht radikale Erfüllung in totaler Selbsthingabe. Für manche Menschen mag die sexuelle Vereinigung der Weg zu dieser totalen Selbsthingabe und Selbstentdeckung sein; andere erleben diese Ekstase der Liebe in der Gegenwart der Natur … wieder andere finden sie in der dienenden Liebe und Selbstaufopferung. Aber welcher Weg auch immer eingeschlagen wird, diese Ekstase der Liebe führt zu höchster Weisheit, zur Enthüllung der Tiefe des Selbst, das nicht länger isoliert ist, sondern sich in Liebes-Gemeinschaft befindet, für die es geschaffen wurde."

Diese Ganzhingabe vollzieht sich bei den einen in der sexuellen Begegnung, bei anderen in der ekstatischen Begegnung mit der Natur oder in der Hingabe für andere Menschen. Entscheidend ist dabei, so Bede Griffiths, ein Erwecken und Erwachen unseres innersten Selbst, ein tieferes Erkennen und Entdecken unseres Selbst. Es ist eine Erfahrung, bei der wir tief in uns eine Liebe erfahren dürfen, die über ein körperliches Empfinden und emotionale Intimität hinausgeht. Wir entdecken dabei die „Kraft einer unendlichen Liebe, dann nämlich, wenn wir unsere menschlichen Möglichkeiten übersteigen und der Präsenz des göttlichen Seins in uns gewahr werden. Das ist mystische Liebe, in der Menschliches und Göttliches sich treffen." (96)

In der Begegnung mit Gott, in der Ekstase ihrer Liebe, durften die Mystiker und Mystikerinnen das Göttliche, das Heilige in sich *erfahren.* Wie die Mystiker können wir mit dem Heiligen in uns in Berührung kommen, wenn wir, in welchen Formen der Hingabe auch immer, unserer Sehnsucht nach der Erfahrung grenzenloser Liebe Ausdruck verleihen – sei es im Geben oder im Nehmen. Das kann zum Moment höchster Glückserfahrung werden, in dem die Zeit stehen bleibt, bei der der Augenblick gilt, Himmel und Erde als eins erfahren werden.

Verschmelzung

In ihrem Gedicht *Verschmelzung* beschreibt Doris Reibert die mystische Erfahrung der Verschmelzung von Mensch und Gott.

Einmal
wird das bruchstückhaft erkannte
DU
tiefer menschlicher Beziehungen
einmünden in das große
DU
der Ewigkeit.
Dann
werde ich das Ja Gottes zu mir
voll erfassen können.
Ich werde außer mir sein können vor Freude,
denn es wird keine Begrenzung mehr geben
Die Unvollkommenheit meines Lobpreises
wird vollkommen sein.
Aus der Ahnung vom Glück und Wissen,
wenn ich in dem göttlichen
DU
aufgehen kann

und Gott ganz in mein
DU
eingehen wird:
Wesen zu Wesen
ER in MIR
Ich in IHM
Wir werden eins sein!
Dann
werde ich erkennen
wie ich erkannt bin.

Küssen ist Beten – Versöhnung von Sexualität und Spiritualität

Wenn er mich doch küsste mit den Küssen seines Mundes
Hohelied 1,1

„Wenn das die himmlische Liebe ist, dann kenne ich sie auch!", rief der französische Lebemann Charles de Brosses im 18. Jahrhundert aus, als er Gian Lorenzo Berninis berühmte Skulptur der heiligen Theresa erblickte. Was war geschehen? Hatte ausgerechnet Bernini, der fromme Großmeister des römischen Barock, eine schwache Stunde gehabt und einen Moment vergessen, wen er abbildete und für welchen Ort? Die Wahrheit ist, dass der tiefgläubige Künstler wahrscheinlich gar keine Angst vor derlei Missverständnissen hätte ... ganz sicher hätte Bernini keinerlei Probleme damit gehabt, dass seine Darstellung der heiligen Theresa in Ekstase als sinnlich erlebt würde ... Die Visionen der temperamentvollen Heiligen waren es ja schließlich auch ... Wenn Theresa ihre tiefsten religiösen Erlebnisse geradezu sinnlich, körperlich wahrnahm, dann wäre bei anderen Menschen durchaus auch das Umgekehrte denkbar: in der beglückenden sinnlich-sexuellen Liebe zwischen Mann und Frau Gotteserfahrung zu machen ... warum sollte ausgerechnet die tiefe körperlich-seelische Liebesvereinigung mit der Liebe nichts zu tun haben, die Gott selbst ist?

Manfred Lütz (2002, 194)

Und Gott ist alles, was da ist, er ist in unseren Küssen

Für Thomas Moore (2000, 107) sind „Religion und Sexualität wie Bruder und Schwester, die ihre Liebe zueinander nicht zeigen wollen und stattdessen miteinander kämpfen und konkurrieren. Ihre Liebe mag versteckt sein, aber ihre Verborgenheit mag ein weiteres Zeichen für die Intensität ihrer Liebe sein. Wenn wir das Spiel durchschauen, das die Religion mit der Sexualität betreibt, werden wir ein gerütteltes Maß an Spiritualität in unserer Sexualität und sexuelle Freuden in unserer Religion finden."

Ich bin mir bewusst, wie unmöglich man sich machen kann, wenn man dafür plädiert, Spiritualität in der Sexualität und Eros und Sexualität in der Spiritualität zu entdecken und zuzulassen. Man läuft Gefahr, sich bei denen lächerlich zu machen, für die zum einen Sex eine Sache ist, die man miteinander treibt und die mit Heiligkeit und Spiritualität nun wirklich nichts zu tun hat, zum anderen Spiritualität als etwas sehen, das mit Lust, Leidenschaft und Sexualität unvereinbar ist. Für das Hohelied geht beides zusammen. Da sagt die Geliebte gleich zu Beginn zu ihrem Geliebten: „Wenn er mich doch küsste mit den Küssen seines Mundes."

Diesen Anfang des Hoheliedes könnte man, so Wilhelm Gössmann, in die Worte fassen: „Vom Kusse seines Mundes trunken: Küssen ist Beten." Heinrich Heine sagt das auf seine Weise mit den Worten:

Der heilige Gott der ist im Licht
Wie in den Finsternissen
Und Gott ist alles was da ist;
Er ist in unsern Küssen.

Heilige Theresa in Ekstase

von Gian Lorenzo Bernini in Rom

Die heilige Theresa in Ekstase

Was der Dichter mit Worten sagt, drückt Bernini in seiner Skulptur *Die hl. Theresa in Ekstase* in der Kirche Santa Maria della Vittoria in Rom aus. Wer diese Darstellung unvoreingenommen auf sich wirken lässt, wird nicht umhin können, zuzugeben, dass von ihr etwas Hocherotisches ausgeht. In der hl. Theresa in Ekstase begegnen sich Sexualität und Spiritualität. Sie ist ein Beispiel dafür, wie Spiritualität erotisiert und Sexualität beseelt werden kann.

Rom im April 2003. Jetzt endlich stehe ich vor Berninis hl. Theresa in Ekstase. Gerade war ein Schulklasse mit, so vermute ich, 16- bis 17-jährigen Schülerinnen und Schülern da. Sie hörten aufmerksam auf das, was ihnen ihr Lehrer auf Italienisch sehr lebendig erklärte. Immer wieder fiel das Wort Ekstase. Die meisten Schüler schauten lange konzentriert auf die Skulptur, ein Mädchen lächelte verlegen, ein Junge machte – wohl aus Verlegenheit? – einen Witz. Was mich mit Heiterkeit erfüllt ist das wohlwollende Lächeln der Frau, die als Engel dargestellt ist. Die Heiterkeit, die hilaritas, die Güte und Zugewandtheit, die ich in diesem Gesicht sehe, erweckt meine Heiterkeit, Güte, Zugewandtheit, Menschenfreundlichkeit. Es schafft eine Atmosphäre, die ganz wesentlich zur Intimität dieser Begegnung beiträgt. Je länger ich diese Frau anschaue, desto wärmer wird es mir ums Herz. Wie wenn ich beginne, nicht länger nur der Betrachter von außen zu sein, sondern zunehmend an dieser Intimität teil habe. Ist es zunächst das Gesicht der Frau, das anziehend auf mich wirkt, so streifen meine Blicke immer wieder auch die fast ganz entblößten Brüste und den mit einem leichten Tuch bedeckten Körper, dessen Reize durch die Bedeckung eher vergrößert werden. Eine einzigartige und wunderbare Seligkeit geht von ihr aus, die mein Inneres ergreift, meine Sinne, einschließlich meiner Sexualität, erweckt. Diese Frau ist begehrenswert. Sie lädt dazu ein, sich hinzugeben. Sie weckt in mir das Verlangen, sich ihr hinzugeben. Sich mit ihr zu verschmelzen, sich dem Tanz und der Lust der Ekstase zu überlassen. Jetzt habe ich den Platz gewechselt, da eine hl. Messe gefeiert wird. Ich schaue, während ich an der Eucharistiefeier teilnehme, immer wieder auf die hl. Theresa. Sie ist die totale Hingabe. Total entspannt. Ich kann nicht sehen, ob ihre Augen geöffnet sind, sie schaut nach oben, ihr Antlitz gezeichnet von stiller Ekstase und Seligkeit. Sie erweckt meine Sehnsucht, mich fallen lassen zu dürfen, loslassen zu können. Mich nicht länger unter den Druck stellen, etwas leisten zu müssen, bestehen zu müssen. Mich einfach gehen lassen, ohne Angst dafür gemaßregelt zu werden, ohne Angst, verletzt zu werden, bewertet zu werden. Während der Wandlung schaue ich auf die beiden Frauen, bin offen dafür, was jetzt geschieht, in diesem Bild der Intimität tiefer zu erfahren. Es dauert bis zum Ende der Messe, bis ich spüre, wie die Darstellung auf mich zu wirken beginnt. Ich spüre, welch ein tiefes Gefühl in mir erweckt wird, wenn ich wie Theresa mich Gott hingebe, ganz entspannt. Ohne etwas zu tun oder zu leisten. Mich einfach ihm überlassend. Mich ihm, dem Heiligen, dem ganz Anderen, dem Unendlichen, dem Unsagbaren, aber auch dem mich zutiefst ansprechenden und anziehenden Gott, dessen Menschenfreundlichkeit, Güte, Zuneigung mir in dieser Frau in Gestalt eines Engels entgegentritt. Die göttliche Quelle in mir beginnt zu sprudeln. Ein tiefer Frieden, einhergehend mit leiser, tief empfundener Freude und dem Gefühl von Dankbarkeit

durchströmt mich. Ein letzter Blick, dann gehe ich gestärkt
von der Begegnung mit der hl. Theresa in Ekstase, hinaus
in die vibrierende Stadt.

Sexuelle Spiritualität – spirituelle Sexualität

In der heiligen Theresa in Ekstase wird deutlich, wie sehr
Sexualität zu einer spirituellen Erfahrungsquelle werden
kann und wie sehr Sexualität durch Spiritualität vertieft
und transzendiert werden kann. So ist Berninis Theresa
ein lebendiges Beispiel sexueller Spiritualität und spiritueller Sexualität. Spiritualität aber muß, so Dody Donelly
(1984, 34), „sexuell sein, will sie menschlich sein. Wir
lieben Gott entweder als mit Sexualität ausgestattete leibhafte Wesen oder wir lieben ihn nicht."
Von der hl. Theresa in Ekstase kann eine positive Ausstrahlung auf unsere Einstellung gegenüber unserer Sexualität und Spiritualität ausgehen. Sie kann die Türen
öffnen, hinter der wir oft unseren Eros, unsere Sexualität,
zugleich aber auch unsere Seele und Spiritualität versteckt
haben. Öffnen wir diese Türen, können unser Eros, unser
sexuelles Empfinden und unsere Seele, unser Offensein
für spirituelle und numinose Erfahrungen hervortreten,
um unser Beten, unsere Begegnung mit Gott und unsere
sexuellen Begegnungen und Erfahrungen zu beleben und
zu beseelen.
Wenn in unserer Sexualität unsere Spiritualität und wenn
in unserer Spiritualität Sexualität und Eros Platz haben,
werden wir, davon bin ich überzeugt, weniger Probleme
mit unserer Sexualität und weniger Probleme mit unserer
Spiritualität haben. Wir erfahren dann unsere Sexualität
tiefer, ganzheitlicher, beseelter. Unsere Spiritualität wie-

derum wird, wenn sie aus der Quelle, aus der unser Eros und unsere Sexualität entspringen, trinkt, froher, farbiger, sinnlicher und saftiger sein. Unsere Spiritualität und unsere Sexualität kennen dann auch Momente tiefen Ergriffenseins, an denen wir die geheimnisvolle, uns übersteigende Erfahrung der Begegnung mit dem ganz Anderen, dem Numinosen und schließlich mit dem EINEN, Gott, machen dürfen. Trennen wir dagegen Sexualität und Spiritualität, kann das dazu führen, dass Religion zu einer asexuellen geistlichen Trockenübung und Haarspalterei entartet. Wenn es uns nicht gelingt, so mahnt Walter Schubart (1989, 8), „Religion und Erotik in eine neue, nahe und glückliche Beziehung zu setzen … wird es nicht zu jener Wiedergeburt der Religion kommen, auf die heute viele hoffen und von der sie alles erwarten."

Die Engel beneiden uns Menschen, weil wir Körper haben

Um des Menschen und Gottes willen müssen Spiritualität und Sexualität füreinander sprudeln können und verfügbar sein.

> „Wir sollten uns erheben, und lobpreisen, wenn wir uns darüber unterhalten, was Freundschaft und was Liebe ist und was Liebende tun – dieses Einander-Durchdringen der Seelen mit Hilfe des Körpers. Das ist doch großartig! Ich glaube, die Engel beneiden uns Menschen, weil wir Körper haben. Sie haben keine, und wenn sich zwei Menschen lieben, flattern die Engel vor Neid mit den Flügeln. Davon handelt das Hohelied der Liebe. Die menschliche Sexualität ist ein mystischer Ausdruck

in der Geschichte des Universums. Alle Engel und alle anderen Wesen kommen hervor und staunen darüber. Es gibt eine Tradition, wonach der Sabbat im Liebesakt gefeiert wird." (Fox 1996, 108)

Literatur

Donald B. Cozzens: Das Priesteramt im Wandel. Chancen und Perspektiven, Mainz 2003

Dody H. Donelly: Radical Love. An Approach to Sexual Spirituality, Minneapolis 1984

Mircea Eliade: Ewige Bilder und Sinnbilder, Olten/ Freiburg 1958

Georg Feuerstein: Gott und die Erotik. Spirituelle Dimensionen der Sexualität, München 1993

Michael Ford: Wounded Prophet: A Portrait of Henri J.M. Nouwen, New York 1999

Sigmund Freud: Werkausgabe in 2 Bd., Bd. 2, Frankfurt 1978

Hans Egon Gerlach und Otto Hermann: Goethe erzählt sein Leben, Hamburg 1950

Wilhelm Gößmann: in: Christ in der Gegenwart, Freiburg 1998, S. 325

Josef Goldbrunner: Realisation. Anthropologie in der Seelsorge und Erziehung, Freiburg 1966

Bede Griffiths: Die Hochzeit von Ost und West. Hoffnung für die Menschheit, Salzburg 1983

Anselm Grün: Ehelos – des Lebens wegen, Münsterschwarzach 1989

Anselm Grün: Mystik und Eros, Münsterschwarzach 1992

Anselm Grün: Gott suchen – sich selbst finden, in: Der Kreis. Berichte aus Münsterschwarzach, Münsterschwarzach 1993

Anselm Grün/Wunibald Müller (Hg.): Intimität und zölibatäres Leben, Würzburg 1995

Heinrich Heine: in: DIE ZEIT Nr. 287, 13./14.12.1997

Alexander Irwin: Eros toward the World. Paul Tillich and the Theology of the Erotic, Minneapolis 1991

Johannes vom Kreuz: Die dunkle Nacht und die Gedichte, Freiburg 1992

Carl Gustav Jung: Mensch und Seele, hrsg. von Jolande Jacobi, Olten 1971

Carl Gustav Jung: Erinnerungen, Träume, Gedanken von C.G. Jung, hrsg.von Aniela Jaffé, Zürich 1997

Adolf Köberle/Meinrad Bumiller: Gott alles in allem. Ausblick und Versöhnung von Eros und Agape, Freiburg 1986

Karl Ledergerber: Die Auferstehung des Eros. Die Bedeutung von Liebe und Sexualität für das künftige Christentum, München 1971

Manfred Lütz: Lebenslust, München 2002

Rollo May: Die Kunst der Beratung, Mainz 1991

Thomas Moore: Fenster der Seele, München 2001

J. Philipp Newell: Echo of the Soul. The Sacredness of the Human Body, Norwich 2000

Henri Nouwen: The Self-Availability of the Homosexual, in: W. D. Overholter (ed.): Is Gay Good?, Philadelphia 1971

Henri Nouwen: Du bist der geliebte Mensch, Freiburg 1993

Novalis: Über die Liebe, ausgew. v. Gerhardt Schultz, Frankfurt a. M. 2001

M. Nowak: Closing the Gap between Theology and Marital Reality, in: Commonweal Nr. 8, 1964

Axel Patitz: Marco Polo Burgund. Reisen mit Insider-Tipps, Ostfildern 2000

Günther Schiwy (Hg.): Briefe an Frauen, Freiburg 1988

Walter Schubart: Religion und Eros, München 1989

Rupert Sheldrake/Matthew Fox: Die Seele ist ein weites Feld, München 1996

Len Sperry: Human Development Revisited, in: Human Development, Vol. 22, Nr. 4, Winter 2002

Bernhard Stoeckle: Gottgesegneter Eros. Auftrag und Erfüllung, Ettal 1962

Henry David Thoreau: Aus den Tagebüchern 1837–1861, hrsg. v. Susanne Schaup, Oelde 1996

Gerald Vann: O.P. To Heaven with Diana, New York 1960

Evelyn and James Whitehead: A Sense of Sexuality, New York 1989

Lebe jetzt – einfach sein

Jetzt und heute leben kann heißen: wieder einen Blick zu bekommen für das Wunder eines Baumes, die einzigartige Schönheit einer Blume, die Stille der Nacht, die Faszination eines Sonnenuntergangs. Mit meditativen Texten lädt Wunibald Müller dazu ein, den Augenblick mehr zu würdigen.

Sich führen lassen von Gott

Die Seele ist wie ein Schutzengel, der uns kennt und um uns besorgt ist. In der Seele begegnen wir unserem tieferen Du, das uns ein Leben lang begleitet. Sie verkörpert das Lebendige im Menschen. In ihr drücken sich die Sehnsucht nach persönlicher Erfüllung und der Hunger nach spiritueller Erfahrung aus.

Dieses Buch ist ein spiritueller Ratgeber, der Mut machen soll den eigenen Empfindungen zu trauen.